Gelassenheit lernen

-

Der Weg zu Ausgeglichenheit und innerer Ruhe

1. Auflage

ISBN: 9798472830881

Inhalt

Einleitung **5**
Was ist Gelassenheit? **7**
Test: Wie gelassen bist Du? 10
Was ist Stress? **15**
Wie kommt es zu Stress? 16
Wie lernst Du Resilienz? 16
Welche Vorteile hast Du, wenn Du gelassen durchs Leben gehst? 19
Welche Stressoren gibt es, wie erkennst Du diese und wie gehst Du diesen aus dem Weg? 21
Wie wirkt sich Stress langfristig auf Dich und Deine Gesundheit aus? 24
Der Burnout – den sollte man nicht so gelassen nehmen 26
Was macht Stress mit Deinem sozialen Umfeld? 28
In welchem Zusammenhang stehen Ängste und Phobien mit Stress? **30**
Wie entstehen Ängste und Phobien? 31
Wie wird man Ängste und Phobien wieder los 32
Der ewige Grübler: von Unruhe getrieben **35**
Wie ist Deine Selbstwahrnehmung? **38**
Wenn man sich selbst in Glaubenssätzen gefangen hält 41
Negative Glaubenssätze in positive umwandeln 47
Das Problem der zu hohen Erwartungen **50**
Achtsamkeit **54**
Wie wirkt sich Achtsamkeit auf uns aus? 61
Was bringt es Dir den Stress loszuwerden? 62
Wie man die negative Spirale umkehrt 63
Alles zu seiner Zeit 66

Mach mal Pause! 68
Nichts geschieht ohne Grund 70
Meditation lernen 74
Verteidige Deine Grenzen 79
Was ist Gelassenheit? 81
Wie lerne ich Gelassenheit? – 10 Punkte der Soforthilfe 83
Die Lösung finden, nicht das Problem 85
Selbstvertrauen, aber auch Vertrauen in das große Ganze 89
Der 15 Minuten Schlaf: Powernapping 91
Auf die richtige Atmung kommt es an 92
Auf den Hund gekommen: Haustiere helfen gelassen zu werden 94
Seine Berufung finden 98
„Es kann der Frömmste nicht in Frieden leben, wenn es dem bösen Nachbarn nicht gefällt“ 101
Lerne, alleine zu sein 105
Dalai Lama: „Wer alles mit einem Lächeln beginnt, dem wird das meiste gelingen“ 109
Sport hilft, um inneren Frust abzubauen 112
Rückschläge annehmen und überwinden: Wie kann man an Rückschlägen wachsen? 113
Wie Bildung Dich gelassener macht 118
Alles wird gut 121
Blitzentspannung: Wie werde ich sofort gelassener? 123
Fazit 128
Schlusswort 130
Rechtliches 133
Quellen 134

Einleitung

„Es gibt Wichtigeres im Leben, als beständig dessen Geschwindigkeit zu erhöhen.“
Mahatma Ghandi

Die Welt, in der wir leben, ist der ständigen Veränderung unterworfen. Stillstand gibt es nicht, nicht einmal wie während einer derzeitigen Pandemie. Vielen von uns kommt es so vor, als ob alles immer schneller, hektischer und anspruchsvoller wird. Der Tag sollte manchmal 36 Stunden anstatt 24 haben. Abends fällt man todmüde ins Bett – und kann nicht einschlafen. Der Plan für den nächsten Tag jagt einem durch den Kopf und an einschlafen ist nicht zu denken. Wenn es auch Dir so geht, dass Du einfach nicht zur Ruhe kommst, dann bist Du hier in meinem Buch genau richtig. Es ist immens wichtig, Gelassenheit zu lernen und alles dafür zu tun, mit Ruhe und innerer Stärke an die Anforderungen des alltäglichen Lebens heranzugehen.

Gehörst auch Du zu den ruhelosen Typen, welche krampfhaft versuchen im Multitasking-Stil fünf Dinge auf einmal zu erledigen? Schon morgens quälst Du Dich gerädert aus dem Bett, um dann 8 Stunden lang Deiner Arbeit nachzukommen. Karrieremachen inklusive. Doch, dann ist nicht Schluss. Zuhause angekommen geht der Stress weiter. Die Kinder zerren an Dir und wollen spielen. Der Hund sollte auch mal Gassi geführt werden. Deine Frau braucht dringend das Mineralwasser aus dem Keller und jemanden, der den tropfenden Wasserhahn repariert. Puh, durchatmen – Fehlanzeige. Entspannt und gelassen den Feierabend genießen – nicht möglich. Du bist schon so gestresst, dass Du nicht mehr schlafen kannst. Deine Gesundheit baut mehr und mehr ab und Freude will auch nicht mehr so richtig aufkommen. Nun würdest Du dringend Gelassenheit brauchen. Einfach über den Dingen stehen und mit einer gewissen Lässigkeit die Probleme und Aufgaben handhaben.

Was ist Gelassenheit?

„Gib mir die Gelassenheit, Dinge hinzunehmen, die ich nicht ändern kann; den Mut, Dinge zu ändern, die ich ändern kann; und die Weisheit, das eine vom anderen zu unterscheiden."

Reinhold Niebuhr

Lass uns einmal genauer den Begriff der Gelassenheit betrachten. Gelassenheit wird auch als innere Ruhe, der Gemütsruhe oder dem sogenannten Gleichmut erklärt. Es ist auf jeden Fall ein Zustand ohne Stress, ohne Aufregung und ohne Ärger. Eine gewisse Ruhe und Stille sind vorhanden. Auch ein Ruhen in sich selbst. Was Gelassenheit auf jeden Fall ist, ist eine innere Einstellung. Das ist die positive Nachricht: innere Einstellungen kann man lernen, auch Du kannst das.

Wir sind hier im emotionalen Bereich des Menschseins angekommen. Sich aufzuregen und wie das HB-Männchen in die Luft zu gehen, ist eine sehr ungesunde Art auf Stress, Unruhe, Nervosität und Ärgernisse zu reagieren. Verwandt mit der Gelassenheit ist die Besonnenheit. Psychologen erklären den Unterschied zwischen Gelassenheit und Besonnenheit relativ einfach: Wer besonnen auf eine Situation reagiert, lässt den Verstand regieren und nicht die Emotion. Nun, ich sehe das doch sehr artverwandt. Du kannst, nachdem Du dieses Buch gelesen hast, Dich durch meine Übungen in nahezu jeder Situation in eine selbstbeherrschte Gelassenheit bringen.

Von der Wortherkunft her ist die Gelassenheit von Gott gegeben. Du hast Dich Gott ergeben und nimmst maßvoll seine Aufgaben und auch manchmal Schicksalsschläge hin. Auch damals schon bedeutete es als Beschreibung eines Charakters, dass die Person ein ruhiges, gleichmütiges Wesen hatte. Heute sieht man die Gelassenheit etwas differenziert. Die seelische Komponente kommt ins Spiel und der Mensch, welcher als gelassen bezeichnet wird, ist beherrscht, ruhig und gefasst. Also das Gegenteil eines Hitzkopfes oder Draufgängers. Weitere Adjektive, welchen den Zustand der Gelassenheit beschreiben, sind: gleichmütig, leidenschaftslos und unerschüttert. Das klingt alles sehr ruhig, altmodisch und fast schon langweilig.

Gelassenheit ist eine Art der Reaktion auf eine ärgerliche oder stressige Situation, welche aus einer inneren generellen Einstellung zum Leben zu tun hat. Es gibt Menschen, welche sich über jeden Fliegendreck an der Wand so sehr aufregen, dass der Notarzt kommen muss. Andere sehen dies nicht mal, weil sie in sich ruhen und wissen, das Wichtige vom Unwichtigen zu unterscheiden. Selbst dann, wenn etwas Wichtiges schiefgeht – was bringt es, herumzuzetern und sich aufzuregen, bis der Arzt kommen muss?

Mir persönlich gefällt das Wort „Entspanntheit“ als Synonym für Gelassenheit am besten. Entspanntheit, entspannt sein klingt so wunderbar ruhig und gesund. Das Wort schließt Hektik und Stress schon in sich aus. Gerade in den südlichen Ländern, zum Beispiel im Mittelmeerraum, kann man dies häufig sehen.

Ein Beispiel: Kroatien. Jedes Jahr reisen um die 2 Millionen Touristen in dieses Land, welches nur 4 Millionen Bürger hat. Eine Szene vor einem Einkaufszentrum. Eine Familie mit Kleinkind. Der Einkauf ist erledigt. Das Kind bringt mit dem Vater zusammen den Einkaufswagen zurück und fällt auf dem Rückweg zum Auto über seine eigenen Beinchen. Das Kind schreit, ist völlig außer sich und knallrot im Gesicht. Der Vater rennt, die Mutter auch. Es gibt viel Geschrei und Tröstversuche. Alle sind aufgeregt und das Kind kommt nicht zur Ruhe – die Eltern auch nicht. Im Gegenteil, es schreit und schreit. Gleiche Szene – kroatische Eltern. Auch hier fällt das Kind über seine eigenen Beinchen. Der Vater nimmt den Kleinen hoch. Streichelt ihm über den Kopf, gibt ihm einen dicken Kuss und sagt: „Na, jetzt gehen wir noch auf den Spielplatz. Hast Du Lust? Oder sollen wir mit dem Ball spielen?“ Das Kind hatte sich kurz überlegt zu weinen. Aber die Gelassenheit des Vaters signalisierte dem Kind, dass nichts Wildes passiert sei. Alles gut. Leben geht weiter. Mir gehts gut. Kinder fallen in dem Alter generell über ihre eigenen Beine. Aber kleine Kinder verletzen sich selten mit schwerwiegenden Folgen.

Würden die Eltern nicht überreagieren, würde das Kind nicht mal auf die Idee kommen zu weinen und zu schreien. Du siehst also, es kommt auf die innere Einstellung an, wie man mit Stress und sogar Unfallsituationen umgeht.

Test: Wie gelassen bist Du?

Bitte beantworte die nachfolgenden Fragen und notiere Dir die Antworten, die Deinem Verhalten am nächsten kommen. Am Ende des Tests findest Du die Auswertung.

1. Wie gut kannst Du mit Kritik umgehen? Siehst Du dies als die Meinung eines anderen, welcher Du zustimmen oder es auch ablehnen kannst?

   A: ja
   B: eher ja
   C: eher nein
   D: nein

2. Wie reagierst Du in einem Streitgespräch? Wirst Du schnell verletzend oder bleibst Du sachlich kühl in Deiner Argumentation?

   A: gar nicht verletzend
   B: wenig verletzend
   C: verletzend
   D: schnell verletzend

3. Kannst Du anders Denkende respektieren? Auch wenn Du ihrer Meinung nicht zustimmen kannst?

   A: ja
   B: eher ja
   C: eher nein
   D: nein

4. Jemand rempelt Dich im Supermarkt an. Wie reagierst Du?

A: Du entschuldigst Dich für Deine Unachtsamkeit.
B: Du ignorierst das Geschehene.
C: Du rempelst zurück.
D: Du forderst eine Entschuldigung.

5. Du sitzt im Restaurant und der Kellner kommt nicht. Auch auf das Essen musst Du schließlich über Gebühr warten. Wie wirkt sich dies auf Dein Trinkgeld aus?

A: Du gibst wie gewohnt Trinkgeld.
B: Du gibst weniger Trinkgeld.
C: Du gibst keinerlei Trinkgeld.
D: Du beschwerst Dich beim Geschäftsführer.

6. Dein Chef hat Mist gebaut – schiebt ihn aber Dir in die Schuhe. Wie reagierst Du darauf?

A: Du nimmst die Sache hin, da Du gegen den Chef eh nichts ausrichten kannst.
B: Du stellst die Sache kühl argumentierend richtig.
C: Du kochst innerlich vor Wut: das wird er Dir noch büßen.
D: Du bist so aufgebracht, dass Du gar nichts sagen kannst und rennst aus dem Zimmer.

7. Du gehst im Park spazieren. Ein paar Jugendliche kommen Dir entgegen und pöbeln Dich herabwürdigend an. Wie reagierst Du?

A: Du ignorierst die Kids.
B: Du hast einen flotten Scherz auf den Lippen, um die Situation zu entspannen.
C: Du stellst die Jugendlichen zur Rede, was das soll.
D: Du bist so verängstigt, dass Du Dich umdrehst und wegrennst.

8. Denk mal bitte nach: Gibt es eine Situation, in welcher Du in Gefahr kommen könntest, dass Du jemanden ins Gesicht schlägst? Dir also die Hand „ausrutscht"?

A: Wenn Dich jemand bedroht.
B: Wenn Dich jemand blöd anmacht.
C: Wenn Dich jemand zum wiederholten Mal mit Absicht bis aufs Blut reizt.
D: Wenn Dein Partner Dir seine Untreue eingesteht.

9. Stell Dir vor, Du bist am Arbeiten, egal ob im Geschäft oder zuhause und nichts will so wirklich an dem Tag gelingen. Immer wieder schleichen sich kleine Fehler ein. Wie reagierst Du darauf?

A: Du bewahrst innere Ruhe.
B: Du fängst an zu fluchen und machst Deinem Ärger Luft.
C: Du bist kurz angesäuert, fängst Dich aber schnell wieder.
D: Du bist schnell und lange verärgert.

10. Kannst Du Menschen vergeben, welche zu Dir ungerecht waren?

A: ja
B: eher ja
C: eher nein
D: nein

Auswertung des Testes:

Nimmst Du nahezu immer die Antwort A, dann gehörst Du zu der Kategorie: Opferlamm: Von Dir kommt kaum Widerspruch. Du denkst, der Klügere gibt nach. Dabei frisst Du alles in Dich hinein. Das tut weder Dir noch Deiner Gesundheit auf Dauer gut. Versuche Deine Position wenigstens zu verteidigen und für Dich einzustehen.

Ist Deine Antwortmöglichkeit überwiegend B, dann bist Du der Kopflastige. Aggressivität lehnst Du kategorisch ab und zwar immer. Du versuchst das konstruktive Gespräch und die kühle Klärung von Dingen. Es fehlt Dir etwas an Zivilcourage, da Du zu viel nachdenkst. Dies ist generell nicht schlecht, nur die Spontanität fehlt.

Antwortest Du meistens mit der Antwort C, dann bist Du der Temperamentvolle. Du zeigst häufig Zivilcourage. Nur von Deiner Familie lässt Du Dir auf der Nase herumtanzen. Bemerkst Du aber, dass Gewalt gegen Schwächere ausgeübt wird, dann verstehst Du keinen Spaß mehr und es kann sein, dass Dir die Sicherungen durchbrennen. Das kann ins und aufs Auge gehen. Hier musst Du mehr an Dir arbeiten und die Zivilcourage mit einem kühlen und klugen Kopf angehen.

Antwortest Du meistens mit der Antwort D, dann bist Du ein wirklicher Hitzkopf. Du gehst schon bei der kleinsten Kleinigkeit wie das HB Männchen an die Decke. Das kann auch in Gewalt ausarten und dies kann Dich in Schwierigkeiten bringen. Du musst lernen, das Gespräch zu suchen und zu finden, um Probleme gewaltfrei zu lösen.

Was ist Stress?

Lass uns nun das Gegenteil von Gelassenheit anschauen: Was ist eigentlich Stress und wie wird dieser im Allgemeinen erklärt? Stress wird als erhöhte seelische und körperliche Anspannung, welche durch äußere Reize verursacht wird, beschrieben. Dieser Stress führt anschließend zu zahlreichen Reaktionen im Körper. Was ist Dir bei dieser Beschreibung aufgefallen? Das Wort Anspannung? Genau!

> Stress kann alles sein. Jeder Mensch reagiert auf Stress anders. Selbst Du reagierst auf die immer gleiche Stresssituation nicht immer gleich.

Ist Dir dies auch schon mal aufgefallen? Stress ist eine Belastungssituation. Es passiert etwas Unvorhergesehenes. Du bekommst noch eine Akte und weil es so schön ist, noch eine weitere kurz vor dem Feierabend vom Chef vor die Nase geknallt. Super, der Feierabend oder das Wochenende rückt weiter in die Zukunft. Was wird Dein Partner sagen, wenn Du wieder nicht pünktlich von der Arbeit nach Hause kommst? Wer soll die Kinder von der Schule abholen? Wirst Du im Supermarkt so spät noch alles bekommen? Dein Körper schießt eine Ladung Adrenalin in Deine Adern und Deine Herzfrequenz steigt. Jetzt kommt Hektik auf. Wie sollst Du dies alles schaffen? Wer kann schon zwei Herren dienen? Nun denkt sich Dein Körper: jetzt noch eine Prise Cortisol und dann funktioniert das schon mit dem Stress. Ja, leider ist genauso die Vorgehensweise Deines Gehirns, wenn Du in Stress gerätst.

Wie kommt es zu Stress?

Wir sind in unserer heutigen schnelllebigen Zeit ständig verfügbar. Das Handy ist 24 Stunden angeschaltet und der Emaileingang quillt über. Die Reizüberflutung des Internets und der sozialen Medien tun ein Übriges dazu, damit wir nicht mehr wirklich abschalten können. Uns wird ein Druck aufdiktiert, welchem viele nicht mehr standhalten wollen und können. Schon Jugendliche können davon ein Lied singen. Die Schule ist eine Sache, aber wehe Du bist nicht hipp und „in", dann fliegst Du ganz schnell aus der angesagten Clique. Schon Jugendliche und sogar Kinder klagen über schlechten Schlaf. Gerade der ist aber notwendig, um Stress abbauen zu können, neue Kraft zu tanken und innere Stärke aufbauen zu können.

Der Mensch ist so konstruiert, dass wir leider stressige Situationen ganz anders wahrnehmen und auch verarbeiten als schöne und angenehme Ereignisse. Stress gräbt sich in unser Unterbewusstsein ein und wir möchten diesen vermeiden. Es kommt aber immer und immer wieder zu Stress – selbst dies stresst uns schon. Wir müssen lernen dem Stress zu entkommen und wenn dies nicht gelingt, dann müssen wir damit umgehen können, so dass er uns nicht schadet.

Wie lernst Du Resilienz?

Was ist überhaupt Resilienz? Resilienz ist Deine eigene Widerstandskraft mit schwierigen und herausfordernden Ereignissen im Leben zurechtzukommen und diese so zu überstehen, dass Du weder an Leib noch Seele Schaden dadurch nimmst.

„Wenn ich wüsste, dass morgen die Welt unterginge, würde ich heute noch ein Apfelbäumchen pflanzen.“

Martin Luther

Martin Luther war sicherlich ein Mann der Kirche, aber er war dem weltlichen Leben mindestens genauso zugetan. Was wollte er mit diesem Zitat ausdrücken?

Stress hat man nicht, er trifft einen nicht wie ein Blitz aus heiterem Himmel, Stress macht man sich selbst.

Niemand weiß, was morgen ist. Wer sagt oder weiß, dass morgen die Welt untergeht? Niemand kann dies wissen. Also warum sollte ich in Hektik und Stress verfallen? Wenn ich heute aber noch ein Apfelbäumchen (oder irgendein anderes Bäumchen) pflanze, dann tut mir dies in vielerlei Hinsicht selbst gut. Einen Baum zu pflanzen bedeutet Hoffnung. Hoffnung auf eine gute Zukunft. Diese Zukunft hast Du aber gerade selbst positiv beeinflusst, indem Du einen Baum gepflanzt hast. Dieser Baum wird Dir in Zukunft einmal frische Äpfel schenken. Die körperliche Arbeit an der frischen Luft tut Dir gut. Du denkst an etwas Positives und somit stellst Du Dich innerlich auf positiv. Wo so viel Positives herrscht, kann Stress nicht aufkommen. Zu was auch?

Wie kannst Du aber nun noch auf andere Art und Weise Resilienz lernen? Stress kannst Du bewältigen, indem Du innehältst. Nimm den Fuß vom Gas – sinnbildlich. Ein guter Freund von der Nordseeküste sagte immer: „Mach langsam, geht schneller.“ Resilienz kannst Du nicht von heute auf morgen lernen. Dies ist ein Prozess, welcher beim einen länger und beim anderen kürzer dauert.

Was Du machen kannst, ist, viele Dinge um Dich herum so verändern, dass Du weniger gestresst bist.

Wenn Dich Dein Kollege nervt, weil er ständig am Arbeitsplatz private Telefonate führt und dies in einer extremen Lautstärke, dann sag ihm das. Ruhig, sachlich und klar. Im Normalfall lässt er es, er weiß, dass er dies eigentlich nicht darf. Kläre Dinge mit Nachbarn, Freunden, der Familie und Deinem Partner, wenn diese Dir Stress verursachen. Vielleicht wissen diese Personen nicht einmal etwas davon. Lerne Dich selbst runterzufahren. Achte auf Dich und wie Du in gewissen Situationen reagierst. Vielen ist nicht bewusst, dass sie in Stress verfallen und dann nicht mehr aus dem selbigen herauskommen. Zu guter Letzt sagt die Psychologie, dass Du lernen und akzeptieren musst, dass Du der Schmied Deiner Stressfreiheit und Widerstandskraft bist. Viele stellen zu hohe Anforderungen an sich selbst und können diese nicht erfüllen. Dann geraten sie in Stress. Du musst lernen zu verstehen, dass Du Deine Sachen selbst in die Hand nehmen musst sowie Lösungen für Probleme. Du weißt, was Du tun kannst und was nicht. Jeder kennt seine Fähigkeiten.

Auf das Schicksal oder Glück zu vertrauen geht dagegen meistens schief. Charakterliche Eigenschaften wie:

- neugierig,
- intelligent,
- fleißig,
- aufmerksam,
- anpassungsfähig und
- belastbar

sind laut Psychologen nahezu Garanten, um Resilienz zu erlangen. Am wichtigsten jedoch ist es voller Selbstvertrauen zu sein. Selbstvertrauen in sich und in das eigene Leben. Die Welt gehört den Mutigen! In gleichem Masse auch den positiv Denkenden. Wer negativ eingestellt ist, zieht den Stress nahezu magisch an. Dinge können nur misslingen, wenn man das Unheil fast schon herbeisehnt.

Welche Vorteile hast Du, wenn Du gelassen durchs Leben gehst?

Die Vorteile eines Lebens in Gelassenheit sind mannigfaltig.

Gelassene Menschen werden definitiv älter.

Es fällt schwer einen aufgeregten Mönch oder eine verärgerte Nonne zu finden. Diese Menschen ruhen in sich, ob durch ihren Glauben oder einfach von Natur gegeben ist. Sie sind die Ruhe selbst. Man sieht Mönche und Nonnen nicht rennen, hetzen oder außer sich sein. Sie sind die Ruhe selbst. Sie wissen, wer sie sind, was sie sind und dass alles mehr oder weniger in Ordnung ist. Sie lächeln viel, denn ihr Gott ist eine feste Burg.

Wenn Du gelassen durchs Leben gehst, dann wirst Du viel mehr schöne Dinge am Wegesrand sehen, als wenn Du im Sprint daran vorbeirennst.

Die Schönheit liegt manchmal am Wegesrand verborgen. Kleine Glücksmomente wie bspw. ein Schmetterling, welcher gerade vor Dir auf einer Blume landet und sich genüsslich den Nektar einverleibt, wirst Du bewusster wahrnehmen. Wärst Du in Eile gewesen, hättest Du es nicht gesehen, oder es wäre einfach nicht passiert. Du hättest den Moment verpasst.

Gelassenheit lässt Dich gut schlafen und bringt Erfolg.

Wenn Du Deine Mitte gefunden hast, dann werden Dich die wunderbaren Ereignisse des Tages im Traum begleiten. Wenn Du Stress hast, hast Du maximal Alpträume. Durch guten Schlaf bist Du am nächsten Morgen ausgeruhter und kannst wieder vollgetankt in den neuen Tag starten. Du hast für Deine Aufgaben und Vorhaben mehr Kraft und bist konzentrierter, was Dich wiederum erfolgreicher macht.

„Zeit, die wir uns nehmen, ist Zeit, die uns etwas gibt.“

Ernst Ferstl

Dieses Zitat bringt Gelassenheit auf den Punkt. Du hast Zeit. Jeder hat 24 Stunden Zeit am Tag. Mach was daraus. Aber hetze nicht von einem Termin zum anderen und lebe nicht das Leben eines anderen. Es ist Dein Leben. Halte inne und bestaune neugierig die Schönheit dieses Planeten. Du hast noch einige Jahrzehnte dafür Zeit. Lass Dich nicht in Stress versetzen.

Welche Stressoren gibt es, wie erkennst Du diese und wie gehst Du diesen aus dem Weg?

„Stress passiert nicht – Stress ist die Art, wie Du auf die Dinge reagierst.“

Stress ist, was Du daraus machst. Ganz plakativ ausgedrückt: Es kommt selten eine Situation daher und das steht drauf: Alarm, Alarm, ich löse Stress aus! Leider gibt es aber wirklich sogenannte Stressoren. Stressoren sind Ereignisse oder Situationen, welche einen Menschen im Leben begegnen und ihn herausfordern. Es sind oftmals große Ereignisse, welche leider zum Leben dazugehören. Das kann der Tod des Partners, der Eltern oder sogar eines Kindes sein. Diese Ereignisse sind tiefgreifend und stellen eine Lebensveränderung dar, welche nicht mehr in den Urzustand zurückzuführen ist. Ist der geliebte Partner oder das eigene Kind gestorben, bricht für fast jeden eine Welt - die eigene Welt zusammen. Hier rate ich immer, professionelle Hilfe eines daraufhin geschulten Psychologen in Anspruch zu nehmen. Trauerarbeit ist sehr wichtig und wird dies unterlassen, kann dies ernsthafte Konsequenzen haben.

Es gibt noch weitere Stressoren, welche die betroffenen Menschen leichter anfällig für Stress machen und weniger fähig, diesem Stress entgegenzuwirken. Zahlreiche Studien fanden heraus, dass einer dieser Stressoren Armut ist. Armut ist auch schon, wenn jemand in ein sozial sehr schwaches Umfeld geboren wird. Es ist nie genug Geld da. Die Lebensmittel sind billig und knapp, frische Ware Fehlanzeige. Die

Kleidung ist aus der Kleiderkammer und weder neu noch modern. Du weißt, worauf ich hinauswill. Das Leben ist so trostlos in einer kleinen Sozialwohnung. Drum herum das gleiche Elend. Die Stimmung ist generell dort negativ und von Hoffnung auf ein besseres Leben – keine Spur. Dem kann man nicht aus dem Wege gehen. Wenn man dort hineingeboren ist, dann kann man nur versuchen durch gute Disziplin und Bildung aus dem sozialen Randbereich herauszukommen.

Drogenkonsum stellt immer eine stressige Situation dar. Wer Drogen nimmt, der ist immer auf der Suche nach dem nächsten Schuss. Mit Gelassenheit hat das nichts zu tun. Jegliche Art von Gewalt, egal ob häusliche Gewalt, Gewalt auf der Straße, Vergewaltigung, aber auch Krieg sind starke Stressoren. Wie man einer Vergewaltigung aus dem Weg geht, ist nicht zu beantworten. Ebenso Krieg. Häuslicher Gewalt und generell Gewalt kann man aus dem Wege gehen, in dem man sich scheiden lässt oder das Umfeld ändert.

Beruflicher Stress ist ein häufiger Stressfaktor. Hier hilft es klar und deutlich seine Fähigkeiten zu kennen. Du weißt am besten, wie viel Du leisten kannst und willst. Ist das Maß erreicht, brauchst Du Hilfe. Dies kannst Du dadurch erreichen, dass Du Dich nur auf die wichtigsten Arbeiten beschränkst und den Rest delegierst. Alle erfolgreichen Manager wissen dies und machen es genau auf diese Weise. Niemand kann alles selbst machen.

Krankheit ist ein Stressfaktor. Wenn Du krank bist, ich meine nun nicht einen Schnupfen oder einen verstauchten Knöchel, dann ist das mit viel Stress verbunden. Dieser Stress ist einmal mental, da Du pausenlos nachdenkst, warum ist mir das passiert? Warum ich? Was habe ich falsch gemacht? Werde ich wieder gesund? Wie wird das mit der Familie und dem Geld funktionieren? Die Liste könnte beliebig weitergeführt werden. Darum geht es aber nur sekundär. Primär geht es darum, dass dieses permanente Nachdenken und diese negativen Gedanken erstens Stress in Dir auslösen und zweitens Deiner Genesung komplett im Wege stehen. Krankheiten kann man aus dem Wege gehen. Nahezu jeder kann es vermeiden ernsthaft zu erkranken. Psychologen sagen, dass Krankheiten sehr häufig ein psychologisches Problem zur Grundlage haben.

Der Ayurveda betrachtet den Menschen ganzheitlich: Also das körperliche Gebrechen, die seelische Verfassung und mentale Situation. Wenn die Seele nicht mehr weinen kann, wird der Körper krank. Krankheiten versucht man zu meiden, indem man seine Gesundheit fördert. Gesunde, ausgewogene und frische Ernährung hilft hier enorm. Nicht zu rauchen, dem Alkohol nur gelegentlich mit einem kleinen Glas Wein zu frönen, keine Drogen zu nehmen und das Gewicht zu kontrollieren sind die Eckpfeiler einer guten Gesundheit. Regelmäßiger Sport oder Bewegung im Freien an der frischen Luft, dies kann auch die tägliche Gartenarbeit sein, fördert Deine Gesundheit. Auf dem Sofa Schokolade und Chips in Dich zu stopfen, wird sich eines Tages an Dir rächen.

Wie wirkt sich Stress langfristig auf Dich und Deine Gesundheit aus?

Was Stress ist, habe ich Dir nun erklärt. Wie sich dieser auf Deine Gesundheit auswirkt, ist wirklich erschreckend. Bist Du also im Stress und ist Deine Resilienz sehr niedrig oder nicht vorhanden, dann passieren mehrere Dinge mit Dir. Den wenigsten ist dies bekannt oder bewusst: Wenn Du ständig Stress hast, also sogenannten chronischen Stress, dann bist Du und Dein Körper in einem Daueralarmzustand. Diesen nimmst Du auch mit in den Schlaf, sofern Du überhaupt noch schlafen kannst. Bist Du längere Zeit in diesem Zustand und schaffst es, nicht Dich herunterzufahren, dann wirst Du in einen chronischen Erschöpfungszustand kommen. Dies geschieht schleichend und ist vielen nicht bewusst! Dieser chronische Erschöpfungszustand wiederum löst einige Krankheiten aus. Diese sind schon mal Konzentrationsschwierigkeiten und eine ständige innere Spannung. So passieren Fehler und Unfälle. Mediziner erklären, dass dieser Dauerstresszustand einer der Hauptauslöser für Schlaganfall und Herzinfarkt sind. Wer im Stress ist, atmet flacher. Somit muss das Herz mehr und schneller schlagen – der Blutdruck steigt. Bist Du im Dauerstress wird dies zu Bluthochdruck führen.

Langanhaltender Stress macht dumm. Ist Dein Körper im Dauerstress, überlastet dieser Dein Gehirn. Die Gehirnmasse schrumpft. Weniger Gehirn – weniger Gedächtnisleistungsfähigkeit. Dies kann einen Schlaganfall im Gehirn auslösen.

Tinnitus ist nahezu immer eine Folge von Dauerstress. Ein Hörsturz ist nichts anderes als ein Infarkt im Ohr. Einen Tinnitus zu haben ist kein Spaß. Ständige sogenannte Phantomgeräusche zu hören von leichtem Rauschen bis hin zur schrillen Trillerpfeife – nun ich wöllte das nicht haben.

Der komplette Magen-Darm-Trakt reagiert allergisch auf Stress und auf Dauerstress sogar wirklich säuerlich. Sodbrennen ist eine Reaktion auf Stress. Nun ja wirst Du nun sagen, das ist ja nicht so schlimm. Ärzte bestätigen, dass häufiges Sodbrennen Magengeschwüre auslöst. Schmerzen, Übelkeit, Völlegefühl, Appetitlosigkeit sind nur einige der Begleiterscheinungen. Verstopfung oder Dauerdurchfall sind ebenso an der Tagesordnung wie ständige Müdigkeit und eine schlechte Versorgung mit Vitaminen und Mineralien. Stress schwächt Dein Immunsystem. Infektionskrankheiten sind somit Tür und Tor geöffnet. Du bist verspannt und Deine Muskulatur zeigt Dir dies deutlich mit Rücken- und Schulterschmerzen, von den ständigen Kopfschmerzen ganz zu schweigen.

Die Haut wird schlecht, Neurodermitis blüht so richtig auf, wenn Dauerstress herrscht. Die Psyche leidet und schreit stumm. Dauerstress macht Dich nervös, reizbar, unzufrieden, wütend, ängstlich, angespannt und kann, wenn Du nicht sofort gegensteuerst, im Ernstfall sogar in einer Depression enden. Diese Depressionen können gepaart sein mit Panikattacken. Wer einmal eine Panikattacke hatte, der weiß, dass es sich hierbei um einen Hilfeschrei des Körpers und vor allem der Seele handelt. So kann es dann nicht mehr weitergehen. Jetzt ist der Zeitpunkt, zu dem professionelle Hilfe gesucht werden muss. Eine Auszeit muss her, egal wie. Eine

Kur über mehrere Wochen mit psychologischen Gesprächen und dem Erlernen der Resilienz. Gelassenheit ist das Ziel. Stress bringt Dich nirgendwo hin, außer ins Krankenhaus oder Sanatorium. Häufigste Folge des Dauerstresses ist schließlich der Burnout.

Der Burnout – den sollte man nicht so gelassen nehmen

Der Burnout wird als körperlicher, geistiger und emotionaler Erschöpfungszustand beschrieben. Lass uns das Wort Burnout mal ganz einfach anschauen und direkt übersetzten: Burnout – ausgebrannt. Das ist doch erschreckend, oder? Ausgebrannt sein. Also die totale Zerstörung. Nichts ist mehr übrig. Keine schöne Vorstellung. Ich denke, einen Burnout sollte man tunlichst vermeiden. Symptome eines Burnouts sind: Neigung zum Weinen, Schwächegefühl, Ruhelosigkeit, Desillusionierung, Langeweile, innere Leere, Gleichgültigkeit, Entscheidungsunfähigkeit, Schlafstörungen, Energiemangel, Erschöpfung, Verzweiflung, Konzentrationsschwäche, Vorwürfe gegen andere, Verlust an Empathie, Zynismus, Bitterkeit, Betonung von Fachjargon, Probleme in der Partnerschaft und Familie, Gefühl mangelnder Anerkennung, Engegefühl in der Brust, Übelkeit, Rückenschmerzen, vermehrtes Rauchen, Atembeschwerden.

Die Symptome sind bei jedem Betroffenen unterschiedlich, was eine Diagnose so schwermacht. Wie kann man aus einem Burnout wieder herauskommen und dies möglichst ohne Schäden. Ohne professionelle Hilfe wird das eher nichts. Die Liste zur Behandlung des Burnouts ist interessant zu lesen:

- Zurechtrücken der Erwartungen und der Realität
- Erlernen von Entspannungstechniken
- Gesunde Lebensweise
- Entlastung
- Neuausrichtung der persönlichen Ansprüche
- Reflexion der persönlichen Erwartungen
- Verbesserung der Work – Life – Balance

80% aller Menschen, welche einen Burnout unbeschadet überstanden haben und wieder zu ihrer alten Stärke, sowohl mental als auch physisch, gefunden haben, haben ihr Leben komplett auf den Kopf gestellt. Jobs werden gekündigt. Absolute gegensätzliche Lebensstile werden anfangen. Alles was Stress auslöst wird aus dem Leben eliminiert. Manche gehen ins Kloster. Lassen all den Wohlstand und Erfolg hinter sich. Der erfolgreiche Manager ist nun Landschaftsgärtner. Er genießt es draußen in der Sonne und an der frischen Luft körperlich zu arbeiten. Er kann kreativ sein und mit Pflanzen arbeiten. Lebenden Dingen, nicht mehr mit totem Material wie Papier, Zahlen, Diagrammen und Profit. Die erfolgreiche Karrierefrau ist nach ihrem Burnout nie wieder in ihre Firma zurückgekehrt. Sie ist ausgestiegen. Hat alles verkauft und sich ein Segelboot zugelegt. Nun ist sie irgendwo auf dem Atlantik unterwegs und legt an wo immer es ihr gefällt. Stress hat sie keinen mehr. Sie hat sich und ihre Bestimmung gefunden – auf jeden Fall für den Moment.

Was macht Stress mit Deinem sozialen Umfeld?

Stress hat leider nicht nur auf Dich eine enorme Auswirkung. Auch Dein Umfeld bleibt davon nicht verschont. Alle um Dich herum leiden, meistens still. Dein Partner oder Partnerin traut sich schon gar nichts mehr zu fragen. Sie haben Angst, etwas Falsches zu sagen und Dich noch mehr zu stressen. Ein normales Familienleben ist nicht mehr möglich. Du bist so müde und ausgelaugt nach der Arbeit, dass Du maximal noch am gemeinsamen Abendessen teilnimmst, wenn Du dann schon zuhause bist. Danach sitzt Du vor dem Fernseher und machst nichts mehr außer Dich berieseln zu lassen. Kein Gespräch, keine gemeinsamen Spiele mit den Kindern, keine Aktivitäten mit dem Partner oder Freunde treffen. Nicht mal mehr zum Sport gehst Du. Dein Umfeld ist dadurch wie paralysiert.

Keiner traut sich in Deiner Nähe gute Laune zu haben, zu lachen oder glücklich zu sein. Leider ist dies den Betroffenen nicht klar. Sie sind so in ihrem Stress gefangen und in all den Begleiterscheinungen, dass sie nicht bemerken, dass wie ihr Umfeld leidet. Die Angehörigen eines Stressgeplagten reagieren alle unterschiedlich. Die einen wollen helfen, stoßen aber auf taube gestresste Ohren. Die anderen sind so verwirrt, verängstig und besorgt, dass sie nicht noch mehr Stress verursachen wollen und ziehen sich zurück. Die Freunde, welche nicht so nahe am Gestressten sind, haben dies schon vor längerer Zeit gemacht. Dir ist dies gar nicht aufgefallen. Jedenfalls nicht am Anfang. Mit der Zeit hingegen schon. Aber Du hast dies für Dich einfach weggewischt.

Du hast halt keine Zeit. Du bist im Dauerstress, schließlich arbeitest Du ja an Deiner Karriere und dies wird sich ja auch irgendwann einmal für Dich und Deine Familie auszahlen. Du gehst ganz langsam, salopp gesagt, vor die Hunde. Der Burnout zeigt sich da am Horizont schon langsam ab und Du rennst immer noch weiter in Dein Verderben. Du hast so einen Tunnelblick, dass man Dich da nur noch sehr schwer rausbringt.

Vielen Stressgeplagten ist nicht bewusst, was ihr gestresst sein mit den Menschen um sie herum macht. Leider ist die Folge davon die Trennung oder Scheidung. Der Gestresste erkrankt ernsthaft und es muss die Notbremse gezogen werden. Ein Burnout ist dann der letzte Schuss vor den Bug, wenn der Betroffene partout nicht begreifen will, was gerade passiert und welchen Raubbau er mit sich selbst, aber auch seinem Umfeld veranstaltet.

In welchem Zusammenhang stehen Ängste und Phobien mit Stress?

Zuerst einmal: Angst ist ein wichtiger Impuls, um uns vor Gefahren zu schützen. Angst hilft uns zu überleben und nicht den Helden zu spielen und dann ein Held im Grab zu sein. So weit – so gut. Doch, Ängste können auch ausarten. Sie können zur fixen Idee werden. Psychologen und Angstforscher sprechen dann von einer Angsterkrankung, wenn folgende Punkte auf den Betroffenen zutreffen:

- Die Angst tritt ohne reale Bedrohung auf.
- Die Angst hält übermäßig lange an.
- Das Angstgefühl ist extrem stark ausgeprägt.
- Die Angst verursacht beim Betroffenen sogar körperliche Beschwerden.

Du denkst nun vielleicht, dass Angst Stress auslöst. Nein, es ist gerade andersherum. Chronischer Stress löst Angst, Panikattacken und Angsterkrankungen aus. Psychologen aus München haben dies nun sogar beweisen und erklären können. Es geht hierbei um ein Enzym, welches die Hirnrinde dazu animiert, Angst auszulösen. Dies passiert nur, wenn die Person über Maß gestresst ist.

In Deutschland allein ist jeder Fünfte mittlerweile von krankhafter Angst betroffen. Das ist doch eine enorme Zahl, findest Du nicht? Vielen Betroffenen ist dies aber nicht immer klar. Ja, Du hast das richtig gelesen. Die Personen haben Angst, erkennen aber gar nicht, dass sie Angst haben. Diese Menschen sorgen sich und grübeln zu viel. Warum hängen die

Mundwinkel vom Chef immer dann herunter, wenn er in mein Büro kommt? Warum schaut meine Frau mich immer so finster an, wenn ich nach Hause komme? Warum kommt eigentlich Sven nicht mehr zu uns zu Besuch? Hab ich ihn irgendwie vor den Kopf gestoßen? Diese Menschen dürsten nach Anerkennung, Lob und Wertschätzung, aber genau diese wird ihnen verweigert. Dies muss nicht mal böswillig geschehen. Es ist dem Chef einfach klar, dass Du gute Arbeit machst, warum soll er Dich dauernd loben? Dein Gehaltsscheck zeigt es doch deutlich. Deine Frau hat oft Migräne und sagt es Dir nicht, weil sie Dir keine Angst machen und Dich nicht noch zusätzlich stressen will. Du weißt nicht, mit wem Du sprechen könntest, Du willst schließlich nicht Dein Gesicht verlieren. All diese Sorgen und Ängste lösen einen Dauerstress in Dir aus, welcher Dir auch nicht wirklich klar ist. Menschen unterscheiden oft nicht, ob es nun Angst ist, was sie empfinden oder Stress. Die Grenzen sind da fließend und oftmals verwischt. Interessanterweise ist der Begriff Burnout gerade in seiner Schwere für viele positiv behaftet. Wer einen Burnout erleidet, der ist wichtig und hat viel geleistet. Das ist schon ganz schön schräg, findest Du nicht?

Wie entstehen Ängste und Phobien?

Hierbei muss man zwischen Ängsten und Phobien unterscheiden. Die Psychologie beschreibt eine Phobie als einen inneren Konflikt, welchen die betroffene Person nicht handeln kann. Also verlagert sie diesen inneren Konflikt nach außen. Die innere Angst wird auf ein außenliegendes Objekt, welcher Art auch immer, verlegt.

Ängste und Phobien können von der Mutter oder dem Vater auf das Kind übertragen werden. Nein, nicht wie ein Virus, aber fast. Hat der Vater Angst vor Wasser, wird er seinem Sohn nicht schwimmen beibringen und ihm unterschwellig vermitteln: Wasser – untergehen – Panik! Die Mutter bekommt schon einen Schreikrampf, wenn sie eine Maus auch nur erahnen könnte. Du kannst davon ausgehen, dass Du nie irgendein Haustier aus der Familie der Nager bekommen wirst. Weitere Beispiele sind die Angst vor Spinnen, Flug- oder Höhenangst. Wissenschaftler sagen, dass diese Ängste durch eine genetische Veranlagung ausgelöst werden können. In einem Punkt sind sich die Experten einig: ein Auslöser allein macht selten eine Angsterkrankung oder eine Phobie. Dazu müssen schon mehrere Punkte zusammenkommen.

Wie wird man Ängste und Phobien wieder los

Nahezu immer muss professionelle Hilfe eines darauf spezialisierten Psychologen in Anspruch genommen werden. Therapieansätze sind viele vorhanden. So kann die Konfrontationstherapie sehr gute Erfolge erzielen. Ein Beispiel hierfür ist die Arachnophobie, also die Angst vor Spinnen. Warum hat jemand Angst vor Spinnen? Fragt man die Betroffenen, sagen diese meistens: „Die sind doch ekelhaft, mit den langen, haarigen Beinen und die sind auch gefährlich." Woher kommt das? In der Regel von den Eltern. Die Mutter stand grundsätzlich auf einem Stuhl, wenn die kleinste Spinne über den

Boden rannte. Ist jemals auch nur die kleinste Kleinigkeit passiert? Wurde der Betroffene oder jemand aus der Familie gebissen? Hier kommt immer ein klares Nein. Die Angst ist also komplett unbegründet. Es ist meistens eine Angst, welche anerzogen wurde.

Bei der Konfrontationstherapie wird, wie es das Wort schon erahnen lässt, genau dies gemacht. Zuerst ist die Spinne in einem Glas mit Schraubverschluss. So kann der Phobiker die Spinne betrachten, denn dies macht man sonst in der Regel eher nicht. Durch das Glas ist er oder sie „sicher". Dies und die Anwesenheit des Psychologen nehmen die erste Angst vor dem Achtbeiner. Der Psychologe beruhigt den Patienten und schaut sich mit ihm das harmlose Tierchen an. Der Angsterkrankte muss nun dem Psychologen erklären, was an der Spinne denn nun so beängstigend ist, wie diese ihn beißen könnte und warum sie dies tun sollte. Dem Phobiker wird in mehreren Sitzungen klar, dass seine Angst unbegründet ist. Die Therapie hat sehr gute Erfolgschancen. Es kann sogar so weit gelingen, dass der ehemalige Spinnenfeind eine Tarantel streicheln und über seinen Arm laufen lassen kann.

Phobien müssen über Psychotherapie behandelt werden. Jede Phobie braucht eine spezielle Art der Behandlung. Jemand, der an Platzangst leidet, wird anders behandelt, als jemand der Höhen- oder Tiefenangst hat.

Ängste und Phobien überwindet man entweder in der Selbsttherapie, man setzt sich logisch mit seiner Angst auseinander, oder wenn die Phobie zu stark ist, dann muss der Psychologe ran. Je nach Phobie kommt es zur erwähnten Konfrontationstherapie. In anderen Fällen wird die Gesprächstherapie so gestaltet, dass der Betroffene erklären muss, welche Befürchtungen er in den Situationen hat, die ihn beängstigen und in Panik aufgehen lassen. Und schließlich, wer hätte es gedacht: es wird Gelassenheit geübt. Mithilfe von Entspannungstechniken lernt der Betroffene in seinen angsteinflößenden Situationen die Ruhe zu bewahren und sich der Angst zu stellen.

Der ewige Grübler: von Unruhe getrieben

„Sich Sorgen zu machen ist wie im Schaukelstuhl zu sitzen. Es beschäftigt einen, bringt einen aber nirgendwo hin."

Glenn Turner

Gehörst auch Du zu den Grüblern? Ertappst Du Dich dabei, wie Du immer und immer wieder über die gleiche Situation nachdenkst? Wie hat der Kollege Müller mich heute so dumm angegrinst? Weiß der wieder mehr als ich? Geht da etwas gegen mich in der Firma vor? Warum weiß ich davon nichts? Was kann denn nun alles passieren? Wollen die mir etwa kündigen? Was passiert dann mit meiner Familie und erst der Hauskredit, wie soll ich den bezahlen? Halt! Stopp! Das ist wirklich schon recht üppig. Wer so viel grübelt und damit so viel Zeit verbringt, hat ein wirkliches Problem. Warum beschäftigst Du Dich mit etwas, was nur in Deiner Fantasie vor sich geht? Du hast keinerlei Andeutungen oder gar Indizien, dass etwas gegen Dich geplant ist. Müller hatte vielleicht nur einen Scherz im Kopf und an diesen gedacht, als sein Blick Dich streifte. Du interpretierst Dinge in diesen flüchtigen Moment, als wärst Du der Hauptakteur in einem sich anbahnenden Krieg.

Sicherlich gibt es Menschen, welche die geborenen Grübler sind. Dies ist oftmals ein Zeichen von Unsicherheit. Ein übertriebener Perfektionismus kann ebenfalls dahinterstecken. Der Mensch, welcher grübelt, denkt, dass er sich mit einem (seinem) Problem auseinandersetzt. Er bildet sich also ein, dass er etwas Gutes leistet mit der Grübelei, um das Problem zu lösen. In Wahrheit verheddert er sich. Der Wunsch nach Sicherheit ist in diesem Grübler so groß, ja so übermächtig, dass er davon überzeugt ist, dass dieses Grübeln sein Problem lösen wird.

Wenn wir grübeln, dann haben wir den innigen Wunsch wieder die Kontrolle über eine Situation zu bekommen, welche uns entglitten ist. Grübler wollen in eine unordentliche Situation Ordnung bringen. Wenn Du eher zu den gröberen Zeitgenossen gehörst, und das meine ich nicht abwertend, und Dir somit eine grobe Ordnung genügt, dann hast Du kein Problem oder nicht sehr viele Probleme mit dem Grübeln. Gehörst Du aber zu denen, welche alles bis ins letzte Detail geordnet und bereinigt haben wollen, dann hast Du ein großes Problem. Nahezu immer wird es so sein, dass Du keine Lösung für Dein Problem findest. Diese Erkenntnis, dass das Grübeln zu nichts, aber auch gar nichts außer Kopfschmerzen und Frustration geführt hat, macht Dich dann noch niedergeschlagener als Du ohnehin schon bist.

Es ist schwierig, sich das Grübeln abzugewöhnen. Wie gesagt, manche sind schlicht so auf die Welt gekommen. Manchmal kann ein guter Freund, ein Vertrauter helfen. Das berühmte Gespräch in der Kneipe, nur diesmal bist Du derjenige, welcher erzählt. Dein Freund braucht nur ab und an ein „hmm“ oder „genau“ von sich geben. Das kann wirklich helfen. Besser wäre ein richtiges Gespräch. Wenn es denn überhaupt etwas zu besprechen gibt. In den meisten Fällen grübelt man über Nonsens. Über Nichtigkeiten, welche nur in der eigenen Fantasie existieren. Ist es für Dich eher schwierig mit jemandem über Deine Probleme und Befürchtungen zu sprechen, dann hilft ein anderes Mittel auch sehr gut: Die

Ablenkung. Durch Dein Grübeln willst Du Kontrolle über eine Situation erlangen, welche noch nicht eingetroffen ist und wahrscheinlich nur in Deiner Fantasie entstanden ist. Mach Dir nun dies zu Nutze. Ein sehr einfacher Trick, um diese ewige Grübelei und sich geistig im Kreise drehen zu beenden, ist: Sage Dir selbst „STOP! Aufhören! Ich tu es schon wieder: Ich grüble." Dann denke an etwas anderes. Schalte das Radio ein oder geh joggen. Passiert es in der Firma, dann geh in die Kantine, hol Dir einen Kaffee oder was Du eben trinken möchtest. Lenke Dich ab. Egal wie. Aber alles ist besser als dieses Grübeln, welches Dich nirgendwo hinbringt.

Wenn Du der typische „vor dem Schlafengenen Grübler" bist, dann ist das ein echter Schlafkiller. Das solltest Du abschaffen. Hier eine andere Methode. Wenn Du im Bett liegst und dann kommen sie wieder angeschlichen, diese elenden Gedanken, dann stelle Dir einen riesigen Müllcontainer vor. Anstatt zu Grübeln und Deinen Befürchtungen nachzugeben, entsorgst Du nun jede einzelne Angst symbolisch in diesem Container. Anschließend schließt Du den Container mit einem Deckel zu und... schläfst friedlich ein.

Wie ist Deine Selbstwahrnehmung?

„Wenn Du die Berührung mit der inneren Stille verlierst, verlierst Du den Kontakt mit Dir selbst.
Wenn Du den Kontakt mit Dir selbst verlierst, verlierst Du Dich in der Welt.“

Eckard Tolle

Lass dieses Zitat auf Dich wirken. Was empfindest Du jetzt? Findest Du Dich darin wieder? Kennst Du genau dieses Gefühl? In diesem Kapitel möchte ich mit Dir über Deine Selbstwahrnehmung sprechen. Gelassenheit und Selbstwahrnehmung stehen in engem Konsens miteinander. So wie Du Dich selbst wahrnimmst, so gut oder so schlecht steht es um Deine Gelassenheit. Selbstwahrnehmung ist etwas, was die wenigsten ernsthaft betreiben. Die meisten wissen nicht einmal, dass es eine Selbstwahrnehmung gibt und was sie damit anstellen sollen.

Wir sind die Krönung der Schöpfung – der Mensch. Das Wesen auf diesem Planeten, welches es schafft, Raketen zum Mond zu schicken, U-Boote mit Spionageabsichten in feindliches Gebiet zu entsenden und tödliche Krankheiten heilen kann, jedenfalls manche. Dieser Mensch kann so viel, nur wer er wirklich ist, in sein innerstes schauen, sich selbst erkennen und wahrnehmen, das können die allerwenigsten. Wie kann das sein? Du fragst nun zurecht, wofür ist denn die Selbstwahrnehmung gut? Nur, wenn Du Dich selbst wahrnimmst und dies mit Selbstbeobachtung betreibst, dann bist Du fähig, Dein Bewusstsein zu bilden. Wenn Du dies erreicht hast, dann kannst Du Dein Selbstbewusstsein aufbauen und erweitern. In der Regel machen dies die wenigsten. Sie haben jeder für sich wunderbare Mittel gefunden, ihr eigenes Bewusstsein in einem Zerrspiegel zu sehen. Sie verleugnen schlicht ihre Charakterzüge, besonders diese, welche eben nicht so positiv sind. Sie üben sich stattdessen in Verdrängung. Wer ich? Ich soll übergewichtig sein? Nein, das sind nur ein paar Kilo, im Frühling fange ich an zu joggen und dann ist das ruckzuck runter. Aber woher denn? Ich bin doch nicht jähzornig. Keine Spur. Ich will auch nicht immer recht haben. Ich habe schlicht immer recht. Was kann ich denn dafür, dass ich so ein gescheites Kerlchen bin?

Nun, so oder so ähnlich könnte ich diese Aussagen hier endlos auflisten. Man lügt sich schlicht in die eigene Tasche und findet sich dabei großartig. Aber der Erfolg will sich nicht so richtig einstellen. Man rennt wie ein Wahnsinniger und kommt aber nie auf diese rutschige Karriereleiter. Immer wieder fällt man herunter. Nun wird es Zeit, der Wahrheit ins Gesicht zu sehen. Sieh Dir ins Gesicht. Frage Dich, wer Du bist? Was willst Du und wo bist Du in Wirklichkeit. Setze Dich mit Dir und Deinen Eigenschaften, Deinem Charakter auseinander, aber produktiv und nicht destruktiv. Finde heraus, warum Du so auf Menschen wirkst. Kommst Du manchmal etwas grobschlächtig herüber oder eher schüchtern und wortkarg? Findest Du nur schwer die richtigen Worte oder es hapert an der Schlagfertigkeit? Wirkst Du eher steif und langweilig oder überdreht und zu dominant? Das alles und noch viel mehr gehört zu dem, wie Du wirkst.

Die Selbstwahrnehmung hilft Dir das herauszufinden und dann an den Schrauben die Feinjustierung vorzunehmen, damit Du besser oder gänzlich anders wirkst. Das ist sehr wichtig, denn manchmal steht man sich selbst im Wege und wundert sich, warum es einfach mit dem Erfolg oder der Karriere nicht funktionieren will.

Selbstwahrnehmung kannst Du lernen, indem Du Dich beobachtest, aber auch wie Dein Gegenüber auf Dich reagiert. Dann musst Du Dich fragen: Was hat diese Reaktion bei der Person hervorgerufen? Was habe ich gesagt oder getan, dass dies passiert ist? Hier kann das Thema Körpersprache eine Rolle spielen. Viele sagen mit Worten das eine, aber ihr Körper sagt etwas komplett anderes. Das wirkt auf Menschen sehr verwirrend. Du nimmst Dich eventuell ganz anders wahr als andere dies tun. Hier hilft sich selbst zu beobachten und eventuell, wenn etwas Dich an Dir stört, zu verändern. Du kannst dies selbst versuchen oder aber einen Körpersprachetrainer aufsuchen.

Um auf das Zitat von Eckard Tolle zurückzukommen. Wenn Du also nicht weißt, wer Du bist, wenn Du Dich durch ein Trauma oder ein einschneidendes schwieriges Erlebnis verloren hast, dann musst Du Dich selbst wiederfinden. Machst Du dies nicht, dann wird es schwierig mit der Gelassenheit. Du wirst immer auf der Suche nach Dir selbst sein und das wird Dich innerlich nicht zur Ruhe kommen lassen.

Gelassenheit kannst Du nur erlangen,
wenn Du weißt, wer Du bist.

Hierbei hilft oftmals Stille. Auch Meditation. Oder Meditation in der Stille. Zu dem Kapitel komme ich aber noch später ausführlicher.

Wenn man sich selbst in Glaubenssätzen gefangen hält

Was sind Glaubenssätze? Glaubensätze sind Sätze, Sprüche, Redewendungen, mit welchen wir alle mehr oder weniger aufgewachsen sind. Es sind Sätze, welche wir von unseren Eltern und Großeltern gehört haben – immer und immer wieder. So ähnlich wie Gehirnwäsche. Sie sind in unser Unterbewusstsein eingegangen und begleiten uns durch unser ganzes Leben. Die Frage, welche sich stellt, ist: Sind diese Glaubensätze gut oder schlecht für uns? Was machen diese mit uns? Haben sie überhaupt einen Effekt auf uns und wenn ja, welchen?

Ein paar Beispiele für Glaubenssätze, welche auch Du sicherlich kennst:

- Erst die Arbeit, dann das Vergnügen.
- Geld verdirbt den Charakter.
- Was Dich nicht umbringt, macht Dich nur härter.
- Schuster bleibt bei Deinen Leisten.
- Ohne Geld bist Du nichts.
- Bescheidenheit ist eine Zier.
- Alles hat seinen Preis.
- Das Leben ist kein Ponyhof.
- Das letzte Hemd hat keine Taschen.

- Der Mann bringt das Geld nach Hause.
- Das Leben ist nicht fair.
- Der liebe Gott sieht alles.
- Ich bin nicht liebenswert.
- Eher geht ein Kamel durch ein Nadelöhr, als dass ein Reicher in den Himmel kommt.
- Es ist besser erfolglos zu bleiben, aber dafür mögen mich alle.
- Es ist nicht alles Gold was glänzt.
- Ich brauche einen Partner, um glücklich zu sein.
- Früher war alles besser.
- Geben ist seliger als nehmen.
- Geld allein macht auch nicht glücklich.
- Geld ist die Wurzel allen Übels.
- Geld macht glücklich.
- Geld regiert die Welt.
- Der Klügere gibt nach.
- Glück kann man nicht kaufen.
- Du bist nichts wert.
- Ich habe kein Glück.
- Ich muss es jedem Recht machen.
- Ein Indianer kennt keinen Schmerz.
- Von nichts kommt nichts.
- Wer schön sein will muss leiden.
- Das kannst Du nicht.
- Etwas stimmt nicht mit mir.
- Im Leben bekommst Du nichts geschenkt.
- Ich habe zwei linke Hände.
- Man kann nur reich werden auf Kosten anderer.

Diese Liste kann nahezu ins Unendliche geführt werden. Es hat selbst mich erstaunt, wie viele Glaubenssätze es allein in der deutschen Sprache gibt. Leider gibt es positive und negative Glaubenssätze. Negative Glaubenssätze können allerdings Dein Leben zerstören. Ja, ich meine das genauso – Wort für Wort. Wenn Dein Leben im Moment oder sogar generell nicht so läuft, wie Du es eigentlich haben möchtest, dann überprüfe Dich und vor allem Deine Glaubenssätze.

Negative Glaubenssätze blockieren Dich in jedem Bereich Deines Lebens. Egal ob dies der Beruf, die Beziehung oder sogar Deine Gesundheit ist. Wie funktionieren nun diese negativen Glaubenssätze? Ein Beispiel: Ohne Partner bist Du nicht komplett. Viele denken, dass dies ein so schöner Glaubenssatz ist, ja so romantisch und toll. Sorry, das ist er nicht. Auf jeden Fall nicht für denjenigen, welcher keinen Partner hat. Diese Menschen suchen krampfhaft nach ihrer zweiten Hälfte und machen alles, absolut alles, um einen Partner zu finden und diesen dann auch in ihrem Leben zu halten. Klappt aber genau dies nicht, dann geht die Erde unter. Sie sind verloren. Alles geht schief und sie können sogar suizidal werden. Dieser Glaubenssatz ist negativ, weil wir zuerst uns selbst finden sollten und wissen sollten, wer wir sind. Dann sollten wir uns lernen zu lieben und anzunehmen, so wie wir sind. Mit all unseren Fehlern und Macken. Erst dann können wir ernsthaft erwarten, dass jemand anderes sich in uns verlieben könnte und daraus eines Tages Liebe entsteht.

Wie wirst Du diese negativen Glaubenssätze wieder los? Sicherlich hast Du bemerkt, dass dies gar nicht so einfach ist. Sie sind in Deinem Kopf wie einprogrammiert. Das ist auch tatsächlich so. Als Baby bist Du wie eine leere Hülle. Ist ja logisch, Du kannst ja noch nichts wissen. Babys lernen durch Nachahmen. Sie nehmen dann schon im Kleinkindalter alles auf, was die Erwachsenen, aber auch die Geschwister und später dann Lehrer und jeder um einen herum, von sich geben. Hört man Sprüche öfters, dann nimmt man leider diese auf, ob man will oder nicht. Es ist wie ein Schwamm, welcher knochentrocken irgendwo rumliegt. Kommt dann Wasser, saugt er es auf, egal ob er will oder nicht.

Du kannst alle Deine Glaubenssätze auflösen. Die einen wirst Du sehr schnell los, die anderen brauchen etwas mehr Aufmerksamkeit und Arbeit, um sie aufzulösen. Die größte Schwierigkeit darin ist, dass Du zuerst einen Glaubenssatz als solchen erkennst und dass Du diesen in Dir trägst. Manche Glaubenssätze trägst Du auf Deiner Zunge. Du benutzt sie täglich und merkst es nicht einmal mehr. Die anderen sind raffinierter. Sie haben sich in Deinem Unterbewusstsein eingegraben und verstecken sich dort.

Wenn Du Deine negativen Glaubenssätze loswerden willst, nimm Dir ein Blatt Papier und einen Kugelschreiber.

1. Welche Glaubenssätze fallen Dir spontan jetzt in diesem Moment ein? Egal was, schreib es auf. Das ist sehr wichtig und sehr aufschlussreich. Du wirst mehr über Dich und Dein Unterbewusstsein erfahren, als Du es jemals für möglich gehalten hast.

2. Nun notiere alle Deine Bereiche in Deinem momentanen Leben, in denen Du Probleme hast und es derzeit oder generell nicht so läuft, wie Du es möchtest. Vielleicht kannst Du jetzt schon negative Gedanken

finden, welche Du gerade in diesen speziellen Bereichen öfters hast. Schreibe diese zu den negativen Bereichen hinzu.

3. Achte auf Deine Gefühle in gewissen Situationen. Immer, wenn Du Dich schlecht fühlst, oder es Dir wirklich nicht gut geht. Wenn Du verzweifelt bist und Dich verletzt und einsam fühlst. Was denkst Du genau in diesen Momenten? Schießen Dir dann negative Glaubenssätze durch den Kopf? Wenn ja, dann schreibe diese sofort auf.

Arbeite bitte akribisch diese Glaubensätze ab. Wir müssen alle Deine negativen Glaubenssätze kennen, damit Du diese wieder loswirst.

4. Lies Dir Deine negativen Glaubenssätze durch. Was denkst Du, wenn Du diese liest? Solltest Du bereits jetzt bei einem denken: Was ein Müll ist das denn eigentlich? Dann bist Du bei diesem Glaubenssatz schon sehr nahe an der Auflösung. Alle anderen Sätze liest Du Dir selbst laut vor. Langsam und deutlich, so dass Du noch Zeit hast über das Gehörte nachzudenken.

Es kann Dir passieren, dass Du Dich dabei nicht so wirklich klasse fühlst. Ein mulmiges Gefühl kann in Dir hochsteigen. Keine Panik, das ist normal und geht bald wieder weg. Lies Dir diese Glaubenssätze laut vor, verstehe was sie Dir sagen, immer und immer wieder, wahrscheinlich schon Dein halbes Leben lang. Diese Glaubenssätze sind es, die Dir dieses schlechte Gefühl geben. Sie sitzen in Deinem Unterbewusstsein und versauen Dir Dein Leben. Unbemerkt, wie die Zecke im Fell des Hundes, so saugen Dich diese Sätze aus. Einige Glaubenssätze wirst Du so schon jetzt loswerden. Andere sind hartnäckiger.

5. Jetzt brauchst Du Hilfe von außen. Ein wirklich enger Freund liest Dir Deine Glaubenssätze laut vor. Langsam und deutlich. Du sitzt ihm gegenüber und nimmst jeden Glaubenssatz auf. Denk darüber nach und fühle, was in Dir passiert, wenn Du diese Glaubenssätze ausgesprochen hörst. Frage Dich nun, ob das, was der Glaubenssatz aussagt, auch wirklich wahr ist. Zum Beispiel: Das Leben ist nicht fair. Das ist Quatsch. Das Leben kann generell weder fair noch unfair sein. Es sind immer Menschen, welche fair oder unfair sind. Wie oft wurde Dir Unrecht zugefügt durch unfaires Verhalten? Na, gar nicht so oft. Ist das immer so? Gibt es immer jemanden, der unfair zu Dir ist? Nein, es ist äußerst selten. Wie wäre Dein Leben ohne diesen Glaubenssatz. Viel einfacher und gelassener, sodass Du dann nur Positives in Dein Leben ziehen würdest und nichts Negatives.

Wiederhole dies nun so oft wie möglich. Verwende pro Tag 10 bis 15 Minuten dafür Deine negativen Glaubensätze loszuwerden. Das ist eine wertvolle Investition in Deine Zukunft. Es kann sogar zukunftsentscheidend sein, dass Du Dich endlich von Deinen Ketten befreist, welche Dich Dein Leben lang gefangen hielten und davon abhalten, Du selbst zu sein. Spanne Deine Flügel, Schmetterling, und flieg. Es gibt keine Grenzen, außer denen, die Du Dir selbst setzt.

Negative Glaubenssätze in positive umwandeln

Was doch so gut für viele Menschen im Negativen funktioniert, sollte doch auch im Positiven funktionieren. Sicherlich gehört da ein positiver Schubs dazu. Aber das ist gar nicht so schwer. Versuch einmal folgende Übung: Stelle Dich und Dein Leben auf positiv:

Streiche die alten, negativen Glaubenssätze allmählich aus Deinem Leben. Sie sind nicht gut für Dich. Ganz im Gegenteil, sie halten Dich davon ab, ein glückliches und gelassenes Leben zu führen. Tausche doch Deine negativen Glaubenssätze in Glaubenssätze aus, welche Dich im Leben weiterbringen. Hier ein paar Beispiele:

- Ich bin dankbar.
- Ich liebe das Leben – ich liebe mein Leben.
- Ich kann alles erreichen.
- Mein Selbstbewusstsein wird jeden Tag stärker.
- Ich nehme mich so an wie ich bin.
- Ich bin liebenswert.
- Ich lasse alles los, was mir nicht guttut.
- Mir geht es jeden Tag besser.
- Ich verdiene Respekt – ich verdiene geliebt zu werden.
- Ich bin stark und voller Energie.
- Negatives kann mich nicht mehr aus der Bahn werfen.
- Ich scheitere nicht, ich lerne.

- Wenn ich falle, dann nach vorne und ich steh immer wieder auf.
- Ich achte auf mich.

Auch diese Liste könnte ich nahezu endlich erweitern. Aber Du hast das Prinzip verstanden. Es geht um Dich. Es geht darum, dass Du Dich auf positiv programmierst und über Dich und Dein Leben im Hier und Jetzt nachdenkst. Alles andere ist eben nicht die Gegenwart. Du weißt doch: Träume nicht Dein Leben, lebe Deine Träume. Dies wird mit Glaubensätzen, welche wie Eisenketten an Deinen Knöcheln hängen nicht möglich sein oder wirklich nur mit sehr viel Glück.

Du musst Dir klarmachen, dass Du ein Gefangener Deiner (anerzogenen) negativen Glaubenssätze bist. Diese Glaubenssätze hast Du nicht selbst erschaffen. Du hast diese wie mit einem großen Trichter von Kindesbeinen an eingeflößt bekommen. Ich nenne dies die erste und leider effektivste Gehirnwäsche in unserer Kindheit. Nun liegt es an Dir, das Negative in Positives umzukehren. Wenn Du in voller Montur am Fuße eines Berges stehst und Dir sagst: „Schuster bleib bei Deinen Leisten. Den Berg werde ich nie bezwingen." Ja, rate mal, was dann passiert? Sicherlich nichts Positives, Sagst Du Dir aber: „Ich kann alles schaffen. Auch diesen Berg werde ich besteigen!" Du wirst diesen Berg besteigen, denn Du vertraust Dir und Deinen Fähigkeiten. Du weißt, was Du kannst und was nicht. Punkt. Kein Platz für Negatives.

Dies ist keine Anleitung zu blindem Aktionismus! Es ist eine Anleitung, Dich selbst gesund einzuschätzen. Wenn Du weißt, dass Du gut durchtrainiert bist und weder Höhen- noch Tiefenangst hast, dann wage den Fallschirmsprung. Zwar am

Angang mit einem erfahrenen Trainer, aber lasse Dir von niemanden und auch von keinen negativen Glaubenssätzen einreden, dass Du irgendetwas nicht kannst. Du kannst alles, was Du Dir vorstellen kannst. Negative Glaubenssätze stehen der Gelassenheit kolossal im Wege. Warum? Weil Du bei vielen Dingen weißt, dass Du das kannst, aber die Stimme Deiner Eltern kommt dann wieder mahnend in Deinen Kopf: "Das kannst Du doch nicht!" „Du und Deine Unsportlichkeit" „Lass das besser, Du verletzt Dich doch noch, Du weißt doch wie ungeschickt Du bist". Mit welchem Recht haben Deine Eltern dies zu Dir gesagt? Wie oft bist Du wirklich hingefallen oder hast im Sport eben nicht die Norm erreicht? Geh dies Mal alles in einer stillen Stunde durch. Du wirst, so wie wir alle, mehr oder weniger irgendwo durchschnittlich sportlich gut gewesen sein. Hake die Worte Deiner Eltern also einfach unter „elterliche Fürsorge" oder „Überängstlichkeit" ab.

Nun bist Du erwachsen und niemand kennt Dich so gut wie Du selbst. Du weißt, was Du kannst. Du weißt was Du gelernt hast und was Du leisten kannst und was eben nicht. Mache alles, was Du machen kannst und willst. Machst Du es nicht, wird es Dir eines Tages so gehen wie dem alten Mann, den man fragte, was er in seinem Leben am meisten bereute. Seine Antwort war, „alles was ich nie gemacht habe." Gelassenheit wird nie für Dich machbar sein, wenn Du immer Sachen in Deinem Kopf hast, welche Du so gerne mal ausprobieren würdest, aber Du Dich durch diese blöden negativen Glaubenssätze davon abhalten lässt.

Das Problem der zu hohen Erwartungen

Zu hohe Erwartungen sind nicht jedermanns Problem. Allerdings ist es etwas, was immer mehr und mehr aufkommt. Die Menschen haben mehr Erwartungen. Woher kommt das? Es gibt mehrere Erklärungsversuche. Einer ist schlicht die Werbung. Wir sehen all diese tollen Dinge in Hochglanz auf dem Bildschirm. Die Angebote sind verlockend. Das brandneue Auto kostet plötzlich nicht mehr 50.000 Euro, sondern nur noch 300 Euro im Monat. Das neue iPhone ist ein „Must have". Der smarte Fernseher, sicher warum nicht? Die Schuhe sind schnell online bestellt – die Pandemie macht doch vieles leichter. Die Bank gewährt einen Kredit, einen Überziehungskredit und dann – ist es irgendwann einmal vorbei. Die Bombe platzt.

Viele Menschen sind kaufsüchtig. Sie befriedigen eine innere Leere mit immer neuen Dingen, welche sie meistens nicht brauchen und eigentlich auch gar nicht wollen. Es ist dieses Loch, welches sie schon seit ihrer Kindheit mit sich herumschleppen. Dieses Loch in ihrer Seele, welches dadurch entstanden ist, dass der Vater immer arbeitete und die Mutter komplett überfordert war mit Haushalt, Kindern und einem Halbtagsjob. Liebe und Spaß gab es so gut wie nie. Damals hat sich dieses Kind geschworen, dass wenn es erwachsen ist, es sich alles leisten kann, was es sich wünscht. Das kann dieses erwachsene Kind heute auch und das tut es. Oh ja. Alles was man für Geld kaufen kann, kauft es, aber das Loch in seiner Seele wird nie satt. Das Kind dürstet nach Liebe. Liebe die es nie bekommen hat.

Andere haben einfach eine hohe Erwartung an das Leben. Das ist eigentlich keine schlechte Sache, aber wenn es einfach nicht so ist, dass man sich alles leisten kann, weil man eben in einem mehr oder weniger normalen und nicht superreichen Leben ist, dann können die zu hohen Erwartungen auch nicht erfüllt werden, zumindest nicht alle von ihnen. Das hat dann zur Folge, dass der Mensch unzufrieden wird und an sich zweifelt. Warum hat der Nachbar alle 5 Jahre ein neues Auto – ich aber nicht? Jedes Jahr fliegen die Müllers in die Karibik in den Urlaub – warum kann ich mir das nicht leisten?

Die Erwartungen sind hoch – zu hoch. Es kann sich damit keine Gelassenheit einstellen. Man wird verkrampft, rennt, leistet Überstunden und arbeitet am Wochenende, um sich mehr leisten zu können. Aber macht das dann wirklich glücklich? Macht es Dich zufrieden? Was verlierst Du in der Zeit, in welcher Du Überstunden anhäufst? Du bist drinnen eingesperrt und kannst nicht mit Deinem Partner oder Deiner Familie draußen in der Sonne am See sein. Das Leben jetzt genießen, jetzt in dieser Stunde. Denk mal darüber nach, ob sich all dieses Ansammeln von Gütern, von Gadgets und technischem Schnickschnack für Dich lohnt. Ist es Dir das wirklich wert? Probier's mal mit Gelassenheit. Mach Dich frei von dem Konsumrausch, welcher um uns herum herrscht. Beobachte die Menschen, welche immer die neuesten technischen Dinge haben. Sehen sie wirklich glücklich aus? Eher nicht. Sie sehen aus, als ob jemand hinter ihnen her ist und sie hetzt. Von einem neuen Ding zum nächsten. Viele erreichen es nicht. Wären sie nur mal gelassen und würden den Druck rausnehmen, dann würden manche Dinge ganz automatisch zu ihnen kommen. Hier könnte auch Dankbarkeit helfen, um gelassen zu werden. Schau Dir bitte an, was wir alles haben. Was Du alles hast. Das ist doch eine ganze Menge, findest Du nicht? Hunger? Kennst Du nicht. Ein Dach über dem Kopf? Hast Du. Ein neues Auto? Ja, steht in Deiner Garage und ist frisch poliert. Eine gesunde Familie? Haken dran, vorhanden. Du bist gesund und führst ein Leben in Sicherheit ohne Krieg und Katastrophen? Warst Du jemals dankbar dafür? Ist Dir bewusst was für ein wunderbares Leben Du eigentlich hast und wie privilegiert Du bist? Wie kommt es dazu, dass Du auf einer ständigen Jagd nach neuen Gadgets bist? Wieso brauchst Du jedes Jahr ein neues Smartphone? Warum brauchst Du ein neues Auto? Warum müssen die Fernreisen immer ferner werden?

Hohe Erwartungen sind nicht per se schlecht. Schlecht werden sie in dem Moment, wenn Du sie nicht erreichen kannst und Du Dich in Deiner Jagd nach ihnen in Unzufriedenheit und Frustration verlierst.

Wenn Du Deine Gelassenheit verlierst oder eben nicht erlangen kannst, dann tut Dir Das mit der Zeit nicht gut. Besser ist es, Dir einen Plan zu erstellen. Wenn Dir alle diese Dinge so wichtig sind, dann fange an zu kalkulieren. Was musst Du tun, um Dir dies oder das leisten zu können. Dann arbeite darauf hin. Schritt für Schritt, ohne Dich selbst dabei körperlich oder geistig zu ruinieren. Arten zu hohe Erwartungen aber in Stress aus, dann sind sie kontraproduktiv für Dein komplettes Leben und Dasein. Du verlierst die kleinen, schönen Dinge des Lebens aus den Augen, weil Du zu sehr auf Kommerz fixiert bist. Hinterfrage woher das kommt? Ist da in Dir tief drin irgendwie ein Loch in Deiner Seele? Nagt etwas an Deinem Selbstwertgefühl, welches Du nun versuchst mit all diesen technischen Dingen aufzufüllen? Ist dem so, dann wird Dich nichts von alle dem glücklich oder zufrieden machen. Und Gelassenheit wird immer ein Fremdwort für Dich bleiben. Du musst zuerst dieses Loch in Deiner Seele erkennen und dann aufarbeiten. Dann wirst Du sehr schnell bemerken, dass Du das wenigste von all diesen technischen Spielzeugen wirklich brauchst in Deinem Leben.

Achtsamkeit

„Wenn die Achtsamkeit etwas Schönes berührt, offenbart sie dessen Schönheit. Wenn sie etwas Schmerzvolles berührt, wandelt sie es um und heilt es."

Thich Nhat Hanh

Achtsamkeit ist derzeit in aller Munde – und das ist auch gut so. Es ist richtig, dass Achtsamkeit ursprünglich aus dem Buddhismus stammt. Meditieren, Teezeremonien und die Lehre des Buddhismus sind aber nicht die wirkliche Hauptsache in der Achtsamkeit. Jon Kabat-Zinn, hat die Achtsamkeitstheorie in eine Praxis gebracht und Du solltest Dir dies wirklich zu Herzen nehmen, auf Deinem Weg zu Deiner Gelassenheit.

Wurde zunächst Achtsamkeit in der Burnout- und Stressbewältigung angewendet, also vermehrt für Manager und Führungskräfte, welche einen Burnout erlitten hatten, ist heute Achtsamkeit in allen Schichten angekommen. Mittlerweile gibt es unzählige Studien, welche bestätigen, dass Achtsamkeit einen extrem positiven Effekt auf unsere mentale und körperliche Gesundheit hat. Es hilft uns, uns wohlzufühlen und den Stress loszulassen. Da ein Teil der Achtsamkeit Meditation ausmacht, ist bewiesen worden, dass Meditation Angst reduziert. Stress wird abgebaut und somit das Immunsystem gestärkt. Ja, Tatsache. Du hast richtig gelesen.

Stress und Angst wirken sich nicht nur auf Deine Gelassenheit sehr negativ aus, auch Dein Immunsystem reagiert äußerst säuerlich auf Stress.

Du fragst Dich nun sicherlich, wie das denn gehen soll in Deinem hektischen Alltag auch noch Achtsamkeit einzubauen. Du brauchst dafür weder Guru noch einen Trainer. Also keine Angst, ich erkläre Dir alles. Was ist denn nun Achtsamkeit?

Achtsamkeit ist eine komplexe Angelegenheit. Ohne Achtsamkeit wird es mit der Gelassenheit schwierig. Aber, um Achtsamkeit zu lernen brauchst Du weder das Abitur noch ein Hochschulstudium. In der Achtsamkeitslehre geht es darum, dass Du Dich wieder selbst wahrnimmst, dass Du Dich spürst. Dies kannst Du nur durch Aufmerksamkeit erreichen. Aufmerksamkeit für Dich, für Deinen Körper, Deine Gefühle, Deine Seele. Hast Du dies wieder erreicht, geht es darum, Deine Wahrnehmung für Dich genau in diesem Moment zu erreichen.

Es geht also darum, dass Du wieder im Hier und Jetzt lebst und nicht in einer erträumten Zukunft oder in Erinnerungen der Vergangenheit.

Der entscheidende Unterschied ist aber, dass diese Achtsamkeit **ohne jede Bewertung** vonstattengeht. Wir lieben es zu bewerten. Das Internet ist voll von Bewertungen und wehe man entspricht nicht der allgemeinen Norm, dann geht der Daumen runter. Halt! Nicht bei der Achtsamkeit. Du nimmst den Gang raus. Du bist der Boss Deiner selbst.

Lass es uns genau jetzt in diesem Moment doch mal gemeinsam machen. Lehne Dich zurück auf dem Stuhl oder Sessel, auf welchem Du gerade dieses Buch liest. Schließe Die Augen und (ja ich weiß nun kannst Du nicht mehr lesen) spüre Dich. Was spürst Du? Was kannst Du an Dir wahrnehmen? Häufige Antworten sind nun: Ich konnte meinen Atem hören. Ich habe gespürt, wie mein Brustkorb sich beim Atmen hob und senkte. Ich spürte, dass ich das Buch immer noch in meiner rechten Hand hielt. Ich spürte, dass ich mit bloßen Füßen auf dem Boden war.

Spüre die Situation im Moment, aber bewerte nicht. Sage Dir nicht, ich bin barfuß und der Boden ist zu kalt. Bewerte nicht und auch nicht negativ. Dies ist ein erster Schritt zur Achtsamkeit. Es ist nur ein Anfang. Du lernst nun wieder die Dinge im jetzigen Augenblick zu erkennen und anzunehmen, wie sie sind ohne Wenn und Aber. Achtsamkeit bedeutet Deine Wahrnehmung zu schärfen – oftmals gänzlich wieder zu entdecken, denn bei vielen ist sie irgendwo tief drinnen verschüttet gegangen. Projiziere dies nun auf eine Situation, in welcher Du im Stress bist oder gerne gelassen wärst, es aber nicht schaffst. Was machst Du im Moment der Achtsamkeit? Du hältst inne.
Du hast auf Zeitlupe geschaltet.
Oder mit einem recht neuen Wort: **Du hast entschleunigt.**
Dies ist ein Schritt zur Gelassenheit.
Du bist im Hier und Jetzt – wertfrei.
Du lebst, Du existierst, Du kannst Dich spüren.

Ich habe Dir hier einige Übungen zur Achtsamkeit zusammengeschrieben. Probiere diese doch gleich mal aus.

1. Entschleunigen

Es ist völlig egal, wie Du das Kind nennst, wichtig ist, was es mit Dir macht. Ob Du es nun entschleunigen nennst, innehalten oder eine Pause machen – spielt keine Rolle. In Situationen, in welchen Du nicht mehr weißt, wo hinten oder vorne ist, wenn Du also total im Stress bist, dann tritt auf die Bremse. Dir zuliebe. Schließe die Augen (bitte nicht beim Autofahren) und höre in Dich hinein. Wie geht es Dir gerade jetzt in diesem Moment? Achte auf Deine Atmung. Atme tief durch die Nase ein und langsam durch den Mund wieder aus. Werde Dir Deiner Ängste oder Befürchtungen bewusst, aber ohne jede Wertung. Atme dabei ruhig und tief weiter. Allein schon dieses bewusste Atmen wird Dir helfen, Dich wieder zu erden und dem Stress zu entkommen. Die Zeit, in der wir leben, ist stressig und scheint immer stressiger zu werden. Wir können auf diesen Schnellzug aufspringen oder wir können der Fahrer des Schnellzuges sein. Im ersten Fall bist Du dem Fahrer und seinem rasanten Fahrstil hilflos ausgeliefert. Im anderen Fall bist Du der Fahrer und somit der Speedmaker. Nun liegt es ganz an Dir, wann Du den Fuß vom Gas nimmst.

2. Fange schon am Morgen an: Der Body Scan

Auch wenn der Wecker Dir gesagt hat, dass Du nun aus dem Bett springen solltest und alles geregelt bekommen musst, damit Du pünktlich bei der Arbeit bist, halte inne. Ja, genau jetzt. Analysiere, wie Du Dich heute Morgen fühlst. Bleibe mit geschlossenen Augen im Bett liegen und fühle Dich. Wie fühlt sich Dein Kopf an? Deine Schultern, Dein Hals? Wie geht es Deinen Armen und Händen? Was macht Dein Bauch und Dein Rücken? Geh so alle Körperregionen durch, bis Du bei den Füßen angekommen bist. Man nennt dies einen

Body Scan. Du nimmst Dich wahr und Du achtest auf Dich. Das ist doch ein guter Start in den Tag, findest Du nicht?

3. Du bist, was Du isst

Gehört auch Du zu der Heerschar von Menschen, welche ihre Mahlzeiten im Vorbeigehen essen? Alles andere ist wichtiger als sich auf das wunderbare Essen vor Dir zu konzentrieren. Entweder das Essen wird in irgendeinem Drive-in geholt und im Auto verzehrt oder man sitzt zuhause vor dem Fernseher oder dem Computer. Was soll das sein? Dies ist weder gesund noch hat es was mit Achtsamkeit zu tun.

Achtsamkeit beim Essen ist etwas, was Du mit allen Sinnen genießen kannst. Bereite Dir Deine Speise selbst frisch zu. Benutze alle Farben des Gemüsegartens: rote frische Paprika, orangefarbene Karotten, wunderbares grünes Blattgemüse wie Mangold und Spinat, gelbe Batate, ein paar Rote Bete und Dein Teller ist ein wunderbares Farbspiel. Es wird Deine Augen zum Leuchten bringen. Koche mit vielen Gewürzen und frischen Gartenkräutern – so kommt zum Spiel der Farben noch Dein Geruchs- und Geschmackssinn voll auf seine Kosten. Aber all die Ablenkung um Dich herum ist nicht achtsam. Schalte alles ab. Mach den Fernseher aus und schalte das Handy ab. Ja, Du und Deine Anrufer werden dies für eine halbe Stunde überleben. Konzentriere Dich nun ausschließlich auf Dein Essen. Genieße den Geschmack in all seiner Vielfalt. Welche Konsistenz hat das Gemüse? Welches das Huhn und wie fühlt sich dies zusammen für Dich an? Wo überall im Mund schmeckst Du was? Welches Gefühl gibt Dir das Essen, wenn es langsam in Deinen Magen gleitet? Welcher Geschmack bleibt in Deinem Mund zurück?

Kaue Deine Speisen ausgiebig. Das tut Dir und Deinem kompletten Verdauungstrakt sehr gut, als dieses hastige achtlose Hinunterschlingen von Speisen.

4. Achtsamkeit unterwegs

Egal wo Du mal warten musst, ärgere Dich nicht. Nutze diese Zeit für Dich als eine Auszeit. Als eine Achtsamkeitsübung. Ob an der Bushaltestelle oder der U-Bahn, am Bahnhof oder im Terminal – achte auf Dich. Achte auf Deine Atmung und Deine Gedanken. Atme tief durch die Nase ein und langsam durch den Mund aus. Konzentriere Dich auf diesen Vorgang und Du wirst schnell erkennen, dass Du an gar nichts anderes denken kannst. Das ist wunderbar. Es ist eine Erholung für Dich und Deinen Kopf. Einfach mal ein paar Minuten nichts denken.

5. Die positive Macht der Rituale

In Deiner Kindheit hattest Du vielleicht den obligatorischen Mittagsschlaf zu halten. Oder einfach eine Stunde in Deinem Kinderzimmer zu verbringen. In manchen Landstrichen ist der Nachmittagskaffee um 15 Uhr so verbreitet wie der 5 Uhr Tee in England. Ich spreche von Ritualen. Rituale sind nicht schlecht. Im Gegenteil. Rituale bringen Dir kleine Auszeiten, kurze Zeiten, in denen Du etwas ganz Anderes machst und die Konzentration von der Arbeit auf etwas sehr Banales gerichtet wird. Dies kann also tatsächlich diese wunderbare Tasse Kaffee sein, welche Du ganz allein genießt und Dich nur auf den Geschmack konzentrierst. Oder Du machst für ein paar Minuten Atemübungen am offenen Fenster. Auch etwas Gymnastik oder Yoga. All das sind Rituale, welche Dich beruhigen, Dich wieder Deine Mitte spüren lassen und nur für Dich da sind. Aber auch ein geregelter Tag, sowohl in der Arbeit als auch privat sind Garanten für ein gelassenes Leben. Zwar ist das Chaos der Normalzustand, aber wir sind nicht im wissenschaftlichen Experiment, sondern in Deinem Leben. Schaffe Ordnung. Eine Ordnung, welche Dir gefällt und guttut. Es ist nichts Schlechtes daran, dass Du Dir den Wecker 5 Minuten früher stellst, um ein gutes und gesundes Frühstück vor der Arbeit einzunehmen. Das kann ein Ritual sein. Auch die Dusche vor der Arbeit wird Deinen Kreislauf in Schwung bringen und alle Deine Lebensgeister wecken. Wenn Du das Kantinenessen nicht magst, Du aber einen wunderbaren kleinen Italiener ganz in der Nähe Deiner Arbeitsstelle gefunden hast, dann geh dort hin. Wenn Du diese Speisen magst, dann werden sie Dir guttun. Nur darum geht es. Fahre mit dem Fahrrad oder dem Auto zur Arbeit – das ist ganz ausschließlich Deine Sache. Aber genieße die Wegstrecke. Fahre sie bewusst und schaue Dich um in der wunderbaren Welt da draußen.

6. Geh den Stress weg

Nicht vor dem Stress wegrennen, aber ihn weggehen, das geht. Wenn Du also öfters mal zum Bus, zur U-Bahn oder irgendeinem anderen Verkehrsmittel gehen musst, dann geh dort hin. Das kann auch das Auto sein, welches Du bewusst 5 Gehminuten von Deinem Haus geparkt hast. Geh diese paar Minuten bewusst. Atme dabei tief ein und aus und konzentriere Dich auf Dein Gehen. Deinen Gehapparat. Deine Muskeln, welche Du beim Gehen beanspruchst, gepaart mit Deiner bewussten Atmung regulierst Du so selbst Deinen Blutdruck und Deinen Herzschlag. Es ist wie eine kleine bewusste Pause, welche Deinen Stress abbaut und Deine Gelassenheit steigert. Das geht nicht von heute auf morgen, aber es geht erstaunlich schnell. Du wirst rasch spüren, dass

Du Dich anders wahrnimmst – vielleicht nimmst Du Dich überhaupt zum ersten Mal wirklich bewusst wahr.

Wie wirkt sich Achtsamkeit auf uns aus?

Achtsamkeit ist der Weg zu Dir selbst. Viele von uns sind im ständigen Dauerstress und verlieren sich zwischen übermäßigem Arbeitsaufkommen und jeder Menge privater Verantwortlichkeiten. Dauerstress ist schädlich. Für jeden, auch für Dich. Du funktionierst nur noch. Leben tust Du schon lange nicht mehr. Du weißt, wie ich das meine. Ein bisschen wie ein Zombie. Lebensfreude und Gelassenheit sehen anders aus.

> Achtsamkeit bewirkt in Dir, dass Du eben gelassener mit den Anforderungen des Lebens zurechtkommst. Du verarbeitest und bewältigst Stress und Hektik besser und ohne dabei Schaden zu erleiden. Dies geschieht schlicht dadurch, dass Du Dir Deiner selbst wieder bewusst wirst.

Dass Du Dich spüren kannst. Es ist eine Art Dir kleine Pausen der Entspannung – der Gelassenheit – zu erschaffen. Raus aus dem Hamsterrad und rein in Dich selbst. Einfach den Stress abschalten. Hier für ein paar Minuten und dort auch. Das ist extrem wichtig. Es ist so, als ob Du wieder tief durchatmen und Dich wieder auf Dich selbst besinnen kannst. Du erkennst, dass Du im Hier und Jetzt bist und nicht im Meeting mit dem Chef.

Was bringt es Dir den Stress loszuwerden?

Ein bewusstes Leben in Gelassenheit. Ich weiß, dies klingt nur wieder sehr einfach, ist es aber teilweise nicht. Stress loszuwerden sollte auf keinen Fall in Stress ausarten. Man sollte nie den Bock zum Gärtner machen. Wir alle haben sehr viel um die Ohren. Schöne moderne Zeiten. Schon Charlie Chaplin hat dies noch im Stummfilm „Moderne Zeiten“ versucht zu verdeutlichen – ganz ohne Worte, nur mit dramatische Filmmusik. Das hat schon gereicht. Selbst heute noch ist jedem klar, dass diese Akkordarbeit gepaart mit der Monotonie der immer gleichen Arbeit und denselben Arbeitsschritten, den Menschen in Stress und noch weiterbringen kann.

Wir leben in einer Zeit, in der alles schnell und perfekt gemacht sein muss. Für viele von uns ist es normal, alles unter einen Hut bekommen zu müssen. Karriere, Familie und Partnerschaft, Pandemie, Freunde und Freizeit, vom Familienhaustier ganz zu schweigen. Haushalt, Fitnessstudio und der Kunstkurs, der Familienurlaub in der Karibik. Die Ansprüche sind hoch, der Stress auch. Die Terminkalender der Erwachsenen sind voll, die der Kinder nicht minder. Ausgleich, Auszeiten, Freizeit – Fehlanzeige. Bist Du nur unzufrieden und gestresst oder schon auf dem Weg zum Burnout?

Das Immunsystem ist in Zeiten von erhöhtem Stress sehr anfällig und muss noch mehr leisten als es dies eh schon macht. Auf Dauer geht das nicht, dann wird es durchlässig für Infektionen und das in Zeiten einer Pandemie. Krankheiten, sogar chronische Krankheiten haben nun ein leichtes Spiel.

Mit Stressbewältigung stärkst Du Dein Immunsystem und hilfst Dir selbst gegen chronische Krankheiten anzugehen. Das Gleichgewicht Deines Innern hilft hier auch Dein Immunsystem wieder ins Lot zu bringen.

Wie man die negative Spirale umkehrt

Leider ist es in der menschlichen Natur so verankert, dass wir mehr Dinge negativ sehen als positiv. Niemand weiß wirklich, warum das so ist. Allerdings heißt dies nicht, dass Du Dich in die Heerschar der Pessimisten und Schwarzseher einreihen musst. Du kannst Dir das so vorstellen wie mit folgendem Spruch: Wie man in den Wald hineinruft, so schallt es heraus. Wenn Du also alles negativ siehst und bei strahlendem Sonnenschein in Gummistiefeln und mit dem Regenschirm bewaffnet rausgehst, nun dann kann Regen kommen.

Man nennt dies in der Psychologie „the law of attraction". Das Gesetz der Anziehung. Ein Beispiel. Wenn Du schon morgens schlecht gelaunt aus dem Bett steigst und Deine Frau in der Küche anpflaumst, obwohl diese Dir ein schönes Frühstück vorbereitet, dann wird diese Dir sicherlich nicht lächelnd dafür um den Hals fallen. Auch bei der Autofahrt ins Büro benimmst Du Dich wie die Axt im Wald. Du beharrst auf Dein Recht und von einer angenehmen, entspannten Autofahrt kann keine Rede sein. Ist doch klar, wieder kein Parkplatz vor der Firma. Mit knapper Not kommst Du pünktlich an und dann will die Empfangsdame Dich auch noch mit ihrer Flötenstimme ansingen. Das hat Dir gerade noch gefehlt.

Endlich kannst Du die Tür von Deinem Büro von innen zumachen. Gegen Mittag fällt Dir auf, dass Mayer heute doch einen Umtrunk machen wollte. Warum hat Dich nur niemand dazu geholt?

Nun, fragst Du Dich das wirklich? Wer will denn bitte so einen griesgrämigen Miesepeter bei einem netten entspannten Anlass dabeihaben? Niemand. Die Zeiten sind hart genug. Ein bisschen Spaß und Abwechslung tun da mal ganz gut. Aber jeder weiß, der Schulze, der ist ja immer schlecht gelaunt. Den lassen wir mal besser in seinem Büro schmoren. Der verdirbt uns sonst wieder die gute Laune. Ja, so spricht man über den Pessimisten Schulze, welcher hier stellvertretend für alle Pessimisten steht. Selbst Psychologen raten, solche Menschen einfach zu meiden und zu ignorieren. Um seiner selbst willen. Es ist einfach zu negativ immer mit schlechter Laune durch die Gegend zu schlurfen.

Wenn Du aber nun genau zu dieser Spezies Mensch gehörst, was dann? Dann musst Du Dich am eigenen Schopf da rausholen. Das ist nicht ganz so einfach, zugegeben, aber es ist zu schaffen. Hier ist tatsächlich die Regel: Einfach tun! Wache auf am Morgen und bleib im Bett liegen. Nein, nicht so wie Du wieder denkst. Lausche in Dich hinein, mache Deinen Body Scan und dann höre was Du an Positivem hören kannst. Singt da etwa ein Vogel vor Deinem Schlafzimmerfenster? Kocht Dein Partner schon Kaffee? Wie herrlich dieser duftet. Schwing Dich aus dem Bett. Sitze noch ein paar Sekunden an der Bettkante und sei dankbar. Dankbar, dass Du wieder gesund aufgewacht bist und in einem so schönen Leben sein darfst. Genieße die Dusche mit all Deinen Sinnen und auch das warme weiche Handtuch.

Wähle Kleidung, die Dich positiv stimmt und die Du gerne auf Deiner Haut spürst. Gib Deinem Partner einen Kuss und bedanke Dich bei ihm oder ihr für dieses wunderbare Frühstück. Genieße jeden Bissen und alle Gerüche. Steige in Dein Auto, welches Du etwas weiter weg geparkt hast und fahre entspannt zur Arbeit. Du wirst sehen, heute ist ein Parkplatz genau vor dem Büro frei, wenn Du ankommst. Heute warst Du ja auch schneller. Du hast ein paar Autofahrern Vorfahrt gegeben und somit gaben auch Dir andere Vorfahrt. Ja, das funktioniert. Sage der Empfangsdame, dass Du ihr einen schönen Morgen wünschst und sage ihr, die neue Frisur würde ihr gut stehen. Gehe beschwingt in Dein Büro mit einem kleinen Lied, welches Dir durch den Sinn geht. Punkt 11 Uhr werden Dich gleich drei Kollegen zum Umtrunk abholen. Der Arbeitstag wird produktiv sein und auf dem Nachhauseweg nimmst Du noch ein paar Blumen für Deine Frau mit. Das Leben kann so schön sein.

Auch wenn dies nun etwas überzeichnet ist und idealisiert, das alles ist machbar. Fang in kleinen Schritten an. Arbeite an Dir und kontrolliere Dich, wenn Du wieder in den alten pessimistischen Trott verfallen willst.

Es ist so ähnlich, wie wenn Du ein Computerprogramm neu überschreibst. Dieses Mal aber auf positiv. Programmiere Dich die schönen Dinge zu sehen und zu registrieren. Sicherlich werden auch weiterhin negative Dinge passieren, aber beziehe diese nicht automatisch auf Dich und Dein Leben. Konzentriere Dich auf die Sonnenseite im Leben und die Sonne wird Dir einen Platz anbieten.

Umso mehr Du negativ denkst umso mehr Negatives ziehst zu an und somit in Dein Leben. Aber dies geht genauso gut andersherum. Denke positiv und Positives wird in Dein Leben gezogen. Probier's aus. Ein wichtiger Punkt hierbei ist: Dankbarkeit und Freundlichkeit, ein Lächeln kann Dir nahezu jede Tür öffnen. „Bitte", „Danke", „Bitte nach Ihnen", „das ist aber freundlich von Ihnen", sollten keine Floskeln sein. Baue dies in Deinen Wortschatz ganz selbstverständlich ein und es wird Dir bessergehen und auch Deinem Gegenüber. Respektiere andere und sie respektieren Dich. Lächle andere an und sie werden Dir ein Lächeln schenken. Das Leben ist viel einfacher, wenn Du es als Optimist begehst, als Pessimist ist alles schwermütig und dunkel.

Alles zu seiner Zeit

Schon meine Großmutter sagte immer: Alles zu seiner Zeit. Oder auch: Gut Ding will Weile haben. Da ist viel Wahres dran und drin. Schnellschüsse sind meistens von schlechter Qualität und halten nicht lange. Übertragen wir es in die Psychologie, dann wurde Rom nicht an einem Tag gebaut und heißt für Dich: mach langsam, geht schneller. Die Welt scheint sich immer schneller zu drehen und alles scheint in einem immer schneller werdenden Tempo zu geschehen. Das ist aber nicht so. Das ist eine optische Täuschung.

> Alles passiert, wann es passieren soll. Erde Dich und versuche Dich wieder als ein Teil des großen Ganzen zu verstehen.

Wenn Du versuchst den Rekord im Karrieremachen zu brechen, dann wirst Du mit größter Wahrscheinlichkeit scheitern. Manchmal ist es sinnvoller, den Fuß vom Gas zu nehmen und die Übersicht wieder zu gewinnen. Dann weißt Du, wo Du stehst und wie Deine Chancen sind, wo Gefahren lauern und wo Deine Mitstreiter positioniert sind. So ähnlich wie beim Schach. Jetzt wirfst Du wieder ein. Ja, es gibt aber auch Blitz Schach. Stimmt, aber nur für richtig erfahrene Profis.

Mal ganz plastisch dargestellt: Keiner baut ein Haus in der Mitte der Pampa. Zuerst werden Straßen gebaut, dann Strom- und Wasserleitungen gelegt. Dann wird ein Plan gemacht und dann, wenn alle Genehmigungen vorliegen, dann, und erst dann kannst Du Dein Haus bauen. So ist das mit dem Leben. Ohne Abitur wird es schwierig direkt mit einem Studium anzufangen. Es gibt Wege, aber dies werden Umwege sein. Übe Dich in Gelassenheit, wenn es Dir mal wieder nicht schnell genug geht.

„Narren hasten, Kluge warten,
Weise gehen in den Garten.“
Rabindranath Tagore

Reflektiere Dich und Deine Handlungen. Was passiert, wenn Du wie ein Wahnsinniger durch den Straßenverkehr hetzt, immer am Rande eines Strafzettels oder sogar des Führerscheinentzuges und Du nun 5 Minuten früher im Büro bist? Nichts. Die Antwort ist: Nichts. Du bist völlig am Ende, ausgepowert und mit den Nerven runter. Du schwitzt sogar. Warum bist Du nicht einfach 5 Minuten früher aufgestanden? Was sind 5 Minuten? Gehe diese 5 Minuten früher zu Bett. All dieses dümmliche Rasen und Hasten. Probier’s mal aus, ob es Dich wirklich früher von A nach B bringt. Ich bezweifle es stark. Andersherum wird allerdings ein Schuh daraus. Das heißt nicht, dass Du Deine Zeit vertrödeln und Umwege fahren solltest, aber geh es mit Ruhe und Gelassenheit an. Auch hier ist das Gesetz der Anziehung gültig. Gerade wenn Du knapp in der Zeit bist, geht meistens alles schief. Hast Du aber diese berühmten 5 Minuten Zeitpuffer eingeplant, dann läuft es wie geschmiert.

Mach mal Pause!

„Keine Zeit zu haben ist keine Tatsache, es ist Deine Entscheidung!"

unbekannt

Wie oft sagen wir diesen Satz am Tag: „Ich habe keine Zeit." Wie oft bekommst Du von anderen zu hören: „Sorry, morgen habe ich keine Zeit." Woher wissen diese Menschen das, was 24 Stunden später sein wird? Haben diese Personen tatsächlich ihr komplettes Leben in einem Terminkalender eingetragen, sich ein Hamsterkostüm angezogen und rennen pausenlos im Hamsterrad? Diese Vorstellung erschreckt mich zutiefst.

Ob Du Zeit hast oder nicht, ist keine unumstößliche Tatsache – es ist Deine Entscheidung. Du bestimmst, ob Du Zeit hast oder ob Du Dich von Deinen sogenannten Verpflichtungen einsperren lässt. Verpflichtungen und viel Arbeit haben die meisten von uns. aber pausenlos durchzuarbeiten ist nicht gut für Deine Gesundheit und Deine Gelassenheit.

Pausen zu machen ist eine weitere Methode, um Gelassenheit zu lernen und in Dein Leben zu bringen. Lass Dich nicht von negativen Sprüchen wie: „Wer rastet, der rostet“ oder „der Schnellere fängt den Hasen“ verunsichern. In manchen Situationen ist dies vielleicht richtig, aber wenn Du den Hasen gefangen hast, dann kannst Du auch mal Pause machen. Pausen sind wichtig, um einfach mal wieder durchzuatmen. Damit Du Dich wieder spürst und reflektierst, dass Du ein Mensch bist und kein Roboter. Diese Pausen werden Dich nicht ausbremsen oder langsamer machen, ganz im Gegenteil. Du wirst durch Entspannungsübungen am offenen Fenster oder achtsames Atmen neue Energie und neue Inspiration finden und alle anderen übertrumpfen.

Nichts geschieht ohne Grund

Dieser aus dem Lateinischen stammende Satz ist korrekt wie folgt: omnia causa fiunt. Vor diesen Satz gehört das Wort: Vertraue. Vertraue – nichts geschieht ohne Grund. Sicherlich kennst auch Du einige Situationen, in welchen Du Dich gefragt hast: Warum passiert mir das? Wieso passiert dies jetzt? Wenn ich das gemacht hätte, dann wäre dies nicht passiert. Vergiss es. Es wäre passiert. Vielleicht nicht in diesem Augenblick, aber dann einen Tag später. Es wäre passiert. Warum? Weil es so kommen musste. Es ist zwar eine sehr spirituelle Sache, aber es geschieht nichts auf diesem Planeten ohne einen Grund.

Es geschehen Massaker, unschuldige Menschen werden erschossen, Babys kommen krank auf die Welt und sterben rasch, der geliebte Partner kommt ums Leben, man verliert ein Bein oder wird anderweitig behindert – durch die Schuld eines anderen. Die Firma schließt, eine Pandemie fängt an. Das Leben ändert sich schlagartig und ohne Vorwarnung. Das ist das Leben. Alles geschieht so, wie es geschehen soll und muss. Die Indianer haben sogar vier spirituelle Gesetze, nach denen sie bis zu ihrer Zwangszivilisierung gelebt haben.

1. Das, was passiert, ist das Einzige, was passieren konnte.

Viele Menschen hadern mit sich und was sie getan haben. Sie denken, wenn ich dies nicht getan hätte oder zu einem anderen Zeitpunkt, dann wäre das nicht passiert. Dem ist nicht so. Viele hadern, warum hat mir gerade der Mann begegnen müssen. Wenn ich zuhause geblieben wäre, dann wär' er nun mit einer anderen armen Frau verheiratet und würde nicht mir das Leben schwermachen. Er wäre Dir begegnet, einfach nur an einem anderen Tag. Vielleicht sogar in einer anderen Stadt oder einem anderen Land. Nichts geschieht ohne Grund. Man kann dem Schicksal nicht ausweichen, man kann es nur annehmen.

2. Jeder Moment, in dem etwas beginnt, ist der richtige Moment.

Kennst Du den Spruch: Hätte der Hund nicht ge...dann hätte er den Hasen gefangen? Nun, das ist natürlich Blödsinn. Wenn es das Schicksal des Hasen gewesen wäre an diesem Tag von dem Hund gefangen zu werden, dann hätte der Hund sein Geschäft schon früher gemacht. Alles in unserem Leben beginnt genau zur richtigen Zeit. Für sehr ungeduldige Menschen ist dies sehr oft schwer zu verstehen. Es ist bereits da, das was passieren soll, aber es geschieht erst, wenn wir dafür bereit sind. Ob wir das nun verstehen oder nicht, wir müssen es akzeptieren. Wir können dies nicht ändern.

3. Was zu Ende ist, ist zu Ende.

Dieses Gesetz ist sehr schmerzhaft. Wenn etwas zu Ende ist, dann ist es halt so. Wenn ein geliebter Mensch von uns geht, dann müssen wir das akzeptieren. Seine Lebensspanne war erfüllt und nun macht er Platz für einen neuen Menschen. Auch wenn uns dies das Herz zerreißt. Wir müssen lernen, dass das Leben ein Fluss ist. Es fließt dahin. Manchmal schneller, manchmal langsamer. Es sammelt Treibgut auf und manchmal auch wahre Schätze. Manchmal ist der Fluss fast ausgetrocknet und manchmal hat er Hochwasser. So ist das Leben. Ist etwas zu Ende gegangen, das können auch ganz andere Umstände sein wie der Eintritt ins

Rentenalter, das abgeschlossene Studium, der Beginn der Ehe oder eine vollzogene Scheidung, dann muss man dies akzeptieren und weitergehen. Der Fluss hält nie an, außer er ist ausgetrocknet. Hier steckt dahinter, dass Du lernen musst, loszulassen. Was Du nicht halten kannst, muss gehen. Auch manche Menschen sind in unserem Leben nur zur Durchreise. Ihr finales Ziel bist eben NICHT Du. Sie helfen Dir nur bei etwas und reisen dann weiter.

4. Die Person, die Dir begegnet, ist die Richtige.

Das heißt, niemand tritt zufällig in unser Leben. Alle Menschen, welche in unser Leben kommen, ob sie bleiben oder sich auch wieder entfernen, haben einen tieferen Sinn. Sie kommen in unser Leben, um uns etwas zu lehren oder uns zu helfen, im Leben voranzukommen. Manchmal begleiten sie einen durch eine Krise und wenn wir diese mehr oder weniger unbeschadet überstanden haben, dann entfernen sie sich wieder. Alle diese Menschen haben einen Sinn in unserem Leben, nichts geschieht ohne Grund. Es sind alles Aufgaben, welche wir in unserer Lebensspanne aufarbeiten müssen. Ich weiß, dies ist sehr spirituell, aber geh mal in Deinem Leben zurück und erinnere Dich, wer kam wann in Dein Leben und in welcher Situation warst Du da. Wann verließ Dich diese Person wieder? War da eine Sache ausgestanden?

Ich weiß, dass alle, die sich gerade in einer Trennung befinden oder eine Scheidung am Laufen haben, mir jetzt gerade den Kopf abreißen würden. Es geht hier auch um das, was Du in Dein Leben ziehst. Dies geschieht in der Regel unbewusst, so könnte man annehmen. Wenn Du Dich aber besser kennst, dann weißt Du, was Du willst und was Du nicht willst.

Dann wird es schwieriger, das Falsche in sein Leben zu ziehen. Somit gibt es auch im gesetzteren Alter weniger Scheidungen. Es ist immer besser auf seinen Instinkt zu achten. Wenn der Bauch gleich beim ersten Treffen sagt: „Alarm, Alarm. Mit dem Typ stimmt was nicht“, dann achte darauf und schieb nicht den Alarm, sondern Deine blinde Verliebtheit wenigstens etwas zur Seite. Schon Goethe wusste: „Drum prüfe, wer sich ewig bindet.“

Der lateinische Spruch sagt: Vertraue – nichts geschieht ohne Grund. Hier geht es also um Gottvertrauen oder das Vertrauen in eine höhere Macht. We are all under the upper hand. Wir sind alle unter der Hand des Allmächtigen. Doch Vorsicht! Dies ist kein Freifahrschein für Dich! Manche lehnen sich zurück, werden faul und nachlässig und sagen: „Ich kann ja eh nichts daran ändern. Es ist ja Gottes Plan.“ Nun, ganz so einfach ist es leider nicht. Mit Vermeidungsstrategien kommst Du nirgendwo hin. Man kann nichts vermeiden. Es gibt immer die Beispiele, dass jemand nie geraucht hat, an Lungenkrebs erkrankt und gestorben ist. Das wird es immer geben. Vermeiden hilft nicht wirklich. Eventuell kurzfristig, so in der Art eines Aufschubs, aber was passiert, passiert.

Meditation lernen

Meditation – jetzt hast Du Bilder in Deinem Kopf von vergeistigen Esoterikern, welche der Welt entrückt sind. Genau das ist absolut falsch. Das Gegenteil ist der Fall. Durch Meditation wirst Du Dich selbst finden. Du wirst Dir Deiner selbst bewusst. Meditation zu lernen ist kein wirkliches Hexenwerk. Am Anfang solltest Du dies allerdings zuerst einmal allein machen und ausschließlich das.

Ich empfehle Dir, dort zu meditieren, wo Du Dich am wohlsten fühlst und ungestört bist. Es kann Dein Lieblingsplatz sein. Stelle sicher, dass dort, wo Du meditierst, keinerlei Störungen für den Zeitraum Deiner Meditation auftreten. Schalte das Handy ab – komplett. Auch kein Vibrationsalarm. Stelle das Telefon aus und falls Du nicht alleine lebst, melde Dich ab und erkläre, dass Du nun eine Stunde für Dich selbst brauchst in absoluter Abgeschiedenheit.

Besorge Dir eine Yogamatte oder eine Unterlage, welche warm ist. Sie sollte warm, aber nicht zu weich sein. Meditiere nicht im Bett sitzend außer Du hast einen echt harten Futon. Es sollte auch nicht kalt im Raum sein, sondern angenehm warm. Setz Dich einfach auf den Boden, am besten im Schneidersitz, wenn Du so gelenkig bist. Ansonsten setze Dich wie immer Du möchtest. Kennst Du Yoga, dann probiere es im Lotussitz oder im Halb-Lotus-Sitz. Wichtig ist, dass Du so sitzt, dass Du keine Schmerzen hast und kein unangenehmes Gefühl. Wenn alles nicht so gut für Dich funktioniert, setze Dich auf Deinen Lieblingsstuhl. Aber nicht wie ein Schluck Wasser in der Kurve, sondern aufrecht und mit geradem Rücken. Sitze so, dass sich Deine Brust öffnet und

Du wirklich frei und tief atmen kannst. Achte darauf, dass Du Deinen Energiefluss nicht blockierst oder abdrückst. Lege Deine Hände ineinander und anschließend locker in Deinen Schoß. Halte Deinen Kopf aufrecht und schaue geradeaus. Halte Körperspannung, aber sei entspannt. Klingt kompliziert, ist es aber nicht.

Überprüfe nun nochmal Deine Sitzposition und stell Dir einen Alarm auf 15 Minuten. Atme nun bewusst durch die Nase ein und langsam durch den Mund wieder aus. Mach dies 3 bis 4 Mal. Danach konzentrierst Du Dich auf Deine Atmung. Nun kommen Dir unsere Achtsamkeitsübungen zu Hilfe. Das eine greift ins Andere. Meditieren bedeutet aus Deinem Kopf mit seinen Millionen von Gedanken zu kommen und Deinen Körper zu spüren. Konzentriere Dich auf Deine Atmung und spüre, wie der Atem in Dich strömt und was der Atem mit Dir und Deinem Körper macht. Damit schaffst Du es Dich in das Hier und Jetzt zubringen.

Wenn Du sehr kopflastig bist, dann wird Dir dies am Anfang leider nur für ein paar Sekunden gelingen, dann sind sie wieder da, Deine Gedanken. Nun kommt es ins Üben. Du weißt, nur durch Übung kommst Du ans erstrebte Ziel.

Während des Meditierens wirst Du Dich selbst finden. Nicht, dass Du Dich verloren hättest, aber es wird eine Klarheit gepaart mit Konzentrationsstärke in Dich fließen. Du erkennst Dich selbst und wirst sehr ruhig werden. Energie wird in Dich strömen. Ideal ist es, wenn Du diese Energie nach den 15 Minuten mit in Deinen Alltag nehmen kannst. Das wird Dir nicht von Anfang an gelingen.

Meditation bedeutet, dass Du Deine Gedanken loslässt. Du schaltest sie nicht ab, das geht übrigens auch nicht. Ganz im Gegenteil. Du lässt sie zu und langsam lässt Du sie los. Betrachte Deine Gedanken, ohne sie zu bewerten. Währenddessen vergiss bitte nie konzentriert zu atmen. Diese Atmung ist der Schlüssel. Es wird Dich beruhigen und die Klarheit in Dir aufrechterhalten. Das Zitat von Mentor Adyashanti wird Dich weiterbringen:

> Wahre Meditation hat keine Richtung und kein Ziel. Es ist pure Akzeptanz und Loslassen. Alle Methoden, die mit Willenskraft einen bestimmten Geisteszustand erreichen wollen, sind limitiert, unbeständig und konditioniert. Das Erreichen-wollen bestimmter Zustände führt nur zu Zwang und Abhängigkeit.

Ich denke, es ist klar, was er meint, aber kurz zur Verdeutlichung. Beim Meditieren lässt Du bitte alle Willenskraft weg und LÄSST EINFACH LOS! Lasse total alles los. Nimm an, was Dir während der Meditation begegnet. Egal was passiert, lass es geschehen.

Es kann Dir passieren, dass Du während der Meditation weinen musst. Nimm es an. Lass alles aus Dir strömen und nimm die Klarheit und Reinheit an, welche Du hinterher in Dir verspüren wirst. Es ist wie eine komplett innere Reinigung. Bei der Meditation brechen wir Dinge auf, welche wir tief in uns vergraben haben.

Im Buddhismus ist das Ziel der Meditation die Entwicklung, welches den meditierenden Menschen auf das höchste Ziel – die Erleuchtung – bringt. Nun, sollte es soweit kommen –

herzlichen Glückwunsch. Oftmals ist aber der Weg das Ziel. Auf diesem Weg wirst Du sehr viel über Dich selbst herausfinden und lernen. Das ist doch wirklich schon sehr viel, findest Du nicht? Du wirst ruhiger und entspannter werden, Gelassenheit wird kein Fremdwort mehr für Dich sein. Ziel der Meditation ist es den Stress unseres Alltags und unserer Arbeit abzubauen. Den allgemeinen Druck loszuwerden und innerlich zur Ruhe zu kommen. Dein Geist wird von eingefahrenen Verhaltensmustern befreit. Du löst Blockaden auf und brichst die Strukturen auf, welche Dir, oftmals unbewusst, Leid verschaffen. Ängste werden verarbeitet und somit ebenfalls aufgelöst. Dann ist es wirklich möglich, Gelassenheit zu erfahren und zu leben. Wenn Dir klar ist, dass 99 % Deiner Ängste, Sorgen und Nöte eigenproduzierte Vorstellungen und Einbildungen sind.

Wann solltest Du Meditation erlernen? Wann immer Du möchtest und denkst, dass Du mehr Ruhe und Gelassenheit in Deinem Leben brauchst. Viele fangen das Meditieren an, wenn sie in totalem Stress sind und der Burnout schon um die Ecke schielt. Mit Meditation kannst Du Deine wahren Ziele im Leben herausfinden und Dich auf diese fokussieren. So wie Du vorher negative Glaubenssätze hattest und diese nun (hoffentlich) los bist, so kannst Du nun durch Meditation zum inneren Frieden gelangen. Diese Gelassenheit ist gut für Dich und Du kannst Dich angstfrei auf das Wesentliche in Deinem Leben konzentrieren. Was das ist, ist bei jedem Menschen unterschiedlich und etwas Anderes.

Meditation kann für manchen ein schwieriges Unterfangen darstellen. Es will nicht so richtig gelingen. Setze Dich nun unter keinen Umständen unter Druck. Das wäre genau der falsche Ansatz. Will es also am ruhigen Ort in den eigenen vier Wänden nicht so recht klappen mit der Meditation, dann gehe mit offenen Augen durch die Welt. Reflektiere Dich selbst und beobachte Dich. Spürst Du, welch innere Ruhe über Dich kommt, wenn Du auf der Parkbank sitzt – Du weißt schon, wo ich meine. Dort am See oder am Fluss, da wirst Du so richtig ruhig und gelassen. Plötzlich sind alle Deine Sorgen und Probleme ganz weit weg? Du kannst dort stundenlang sitzen, einfach nur auf den See schauen und wirst ganz ruhig? Dann ist dies Deine Meditation. Dort kannst Du Dich selbst erkennen und zur Ruhe kommen. Dort kannst Du alles loslassen.

Verteidige Deine Grenzen

Ja, das mag Dir vielleicht seltsam vorkommen im Bereich Gelassenheit lernen. Aber es ist so wichtig für Dich. Du musst, um aus dem Hamsterrad zu kommen, lernen, NEIN zu sagen. Einfach: „Sorry, ich kann das nicht machen. Das ist nicht mein Aufgabengebiet. Ich habe seit 5 Minuten Feierabend.“ Morgen ist auch noch ein Tag oder hängt die Firmenzukunft davon ab? Nein, das ist nicht frech. Frech ist es, wenn Dein Chef jeden Tag um 18.05 Uhr mit einer superdringenden Sache ums Eck kommt, wenn er genau weiß, dass Du um 18 Uhr Feierabend hast. Er nutzt das aus. Es ist unmöglich, dass so häufig dringende Sachen nach Dienstschluss reinkommen.

> Grenzen ziehen heißt, Dich und Deine Lebensfreude zu verteidigen. Dich nicht permanent ausnutzen zu lassen.

Du hast Dein Tagespensum erreicht und dies ordentlich. Somit hast jedes Recht, in Deinen Dir wohlverdienten Feierabend zu gehen.

Grenzen ziehen ist aber auch in anderen Lebensbereichen notwendig. Energieräuber sind überall um uns herum und sie wollen nur eines: Deine Energie. Ich nenne diese Menschen die Vampire der Neuzeit. Sie sind Meister im Delegieren und finden immer einen Dummen, welcher ihre Arbeit erledigt. Am Ende stehen sie als die Helden da. Mach da nicht länger mit. Ziehe Deine Grenzen und fokussiere Dich auf Dich und

Deine Belange. Lass Dich auch nicht vor anderer Leute Wagen spannen. Involviere Dich nicht in Tratsch und Klatsch. Halte Dich an Fakten und mache Dein Ding. Das heißt nicht, dass Du kein Teamplayer mehr sein sollst. Du kannst alles sein, was Du willst und was Dir guttut. Nur, lass Dich zu nichts mehr zwingen. Es gibt Meister da draußen, die Dir auf eine perfide Art und Weise einzureden versuchen, dass Du ihnen helfen musst. Wo bitte steht das? Du bist in allererster Linie nur Dir selbst verpflichtet und Du musst zuerst nach Dir schauen. Du bist nicht Mutter Teresa und sogar sie hat Grenzen gezogen. Das hat nichts mit Egoismus oder Selbstsucht zu tun. Lass Dir dies nie einreden oder Dir ein schlechtes Gewissen machen. Nur, wenn es Dir gut geht, kannst Du Dich überhaupt, wenn Du das möchtest, um andere kümmern. Grenzen sind sehr wichtig auf Deinem Weg zur Gelassenheit. Wenn Du jeden in Deinen inneren Zirkel lässt, dann bist Du die beschäftigste Person auf diesem Planeten. Aber nur für sehr kurze Zeit, denn der Zusammenbruch lässt nicht lange auf sich warten.

Was ist Gelassenheit?

Finde Dinge, die Dich entspannen: Musik, Tanzen, Motorradfahren oder auf einen Berg steigen. Gelassenheit ist eine innere Einstellung, welche Dir die Möglichkeit gibt, Ereignisse mit Ruhe und Fassung aufzunehmen und zu bewältigen. Das Gegenteil von Gelassenheit ist Nervosität, Stress, Unruhe, Angespanntheit. Gelassenheit bedeutet immer, dass man Dinge loslässt. Nur, wenn Du Deinen Blickwinkel auf Ereignisse und stressige Situation änderst, kannst Du Gelassenheit erlangen. Wenn zum Beispiel eine Situation eintritt, wie wir sie leider im Moment haben mit einer weltweiten Pandemie, dann kannst Du völlig kopflos durch die Gegend rennen oder täglich mit dem Kopf gegen Deine Wohnzimmerwand schlagen, es wird nichts daran ändern. Du kannst jammern und lamentieren. Es wird nichts ändern. Bilde Dir Deine Meinung mit all Deinem Erfahrungsschatz, welchen Du bis jetzt in Deinem Leben gesammelt hast und mache Dir Dein Bild. Lies nicht nur eine Zeitung – lies viele. Schau nicht nur eine Nachrichtensendung – schau viele. Rede mit vielen Menschen. Irgendwo dazwischen liegt die Wahrheit. Lerne die Ruhe zu bewahren, auch wenn es im Moment nur ein Thema zu geben scheint. Suche Dir Deine Themen, erkenne, was Dir wichtig ist. Was war vor der Pandemie für Dich wichtig? Warum machst Du dies nicht mehr? Es gibt nahezu immer einen Weg es auch in solchen Krisenzeiten zu machen. Sei kreativ und ein Macher.

Aktivität kann in solchen Zeiten zur Gelassenheit führen. Für eben den aktiven Menschen. Wenn Du eher der ruhige Typ bist und alles in Dich hineinfrisst, dann musst Du Deine Sichtweise auf Dinge herausfinden und reflektieren. Wieso regt

Dich das auf? Was ändert es, wenn Du Dich aufregst? Im Normalfall nichts. Außer, dass Du den Herzinfarkt ein Stück näherkommst. Finde heraus, ob dieses eine Ereignis wirklich so wichtig ist in Deinem Leben, dass es Dich so aus der Bahn wirft. Tritt einen Schritt zurück – innerlich. Betrachte Ereignisse von dort. Nimm Dich heraus, soweit es geht und nimm nicht alles persönlich, was passiert. Wahre Deine Grenzen und werde Dir Deiner Grenzen bewusst. Wenn sich wieder einmal die ganze Welt gegen Dich verschworen zu haben scheint, dann halte inne. Ja, mach das bitte! Sag Dir innerlich: Stop! Was ist hier eigentlich los? Gelassenheit bedeutet nicht, dass Du den Dingen ihren freien Lauf lässt und Dich wie ein Opferlamm zur Schlachtbank führen lässt. Wenn Du die Grenzen Deiner Möglichkeiten kennst, ist Gelassenheit erreicht. So lehrte es schon Seneca im alten Rom. Wir alle sind keine Übermenschen. Wir sind Menschen und keine Maschinen. Wir haben alle unsere Grenzen. Es gibt Anforderungen im Leben, welche diese Grenzen berühren oder sogar darüber hinausgehen. Dann musst Du Dich kennen und wissen, bis hierher und nicht weiter. Dies musst Du machen ohne, dass Du das Gefühl hast, versagt zu haben oder zu schwach zu sein. Es ist wie es ist. Punkt. Wenn Du zu den verärgerten Autofahrern gehörst, welche sich über jeden Fußgänger, jeden Radfahrer und jede rote Ampel aufregen, dann dreh den Spieß doch mal um. Beachte doch mal wie viele grüne Wellen Du hattest und dass da irgendwie kein einziger Radfahrer unterwegs war.

Wie lerne ich Gelassenheit? – 10 Punkte der Soforthilfe

1. Stell Dir Deinen Chef einfach mal nackt vor, wenn er Dich wieder anmeckert.

2. Steh zu Dir, Du bist wer und was Du bist und das braucht keine Entschuldigung.

3. Du bist der Chef Deiner Gedanken. Nur Du kannst Dich glücklich machen. Niemand anderes kann dies für Dich tun.

4. Gehe achtsam durchs Leben. Erfreue Dich an den kleinen Dingen im Leben und lebe im Hier und Jetzt. Nimm jeden Moment als etwas Kostbares an.

5. Erkenne, wenn Du Dich gerade selbst stresst oder wenn die Ängste mal wieder die Oberhand zu gewinnen scheinen. Atme nun und lass diese Gedanken einfach wieder mit dem Atem aus Dir heraus. Lass alles Negative Deinen Körper verlassen.

6. So wie man nur ein Schnitzel essen kann, so kann man auch nur einen Schritt machen. Soll heißen, jeder hat Probleme. Löse Deine Probleme eines nach dem anderen und nicht alle auf einmal. Das schafft niemand.

7. Schau, dass es Dir gut geht. Erst dann, wenn dies sichergestellt ist, kümmere Dich um andere.

8. Hör mit dem ständigen Bewerten auf. Nimm Dich an und nimm andere an. So wie Du bist und so wie sie sind. Verzeihe Dir, wenn Du Fehler gemacht hast. Versuche diese Fehler nicht zu wiederholen. Perfektion kann schrecklich langweilig sein.

9. Steig aus dem Hamsterrad aus und mache das, was Du gerne tust. Liege in der Hängematte mit einem guten Buch in der Hand. Geh Angeln oder Spazieren. Mach ein Picknick oder einen Grillabend.

10. Vertraue Dir selbst. Wenn Du Dir nicht vertraust, wie könnte jemand anderes Dir vertrauen. Wiederhole den positiven Glaubenssatz: „Ich kann alles schaffen, was ich will.“

Die Lösung finden, nicht das Problem

Probleme gehören zum Leben wie das Atmen und der Gang zur Toilette. Es gibt niemanden auf diesem Planeten, der keine Probleme hat. Manche haben mehr, manche weniger, aber wir alle haben sie. Du bist also nicht allein damit. Ok? Nun aber geht es wieder um etwas, was Du im Voraus entscheiden kannst. Du kannst nun über Deine Probleme stunden- oder tagelang reden, jammern und weinen oder...
Du kannst nach Lösungen suchen und den ganzen Terz vorher einfach weglassen – ist nämlich Zeitverschwendung und steht Deiner Gelassenheit enorm im Weg.

Hier gilt der Spruch: Wer die Fähigkeit hat, Lösungen zu suchen und finden und nicht im Problem verloren geht, kann Gelassenheit lernen.

Die Frage, welche Du Dir stellen musst, ist: „Wie gehe ich mit Problemen um?“

Gehörst Du zu den Menschen, welche sich im Problem verlieren. Du jammerst, warum ist das gerade Dir passiert. Warum ist Dein Leben so kompliziert und warum geht immer alles schief. Nichts funktioniert auf Anhieb und überhaupt sind alle gegen Dich. Ok – bist Du nun fertig mit Lamentieren? Gut. Passt auf, das Gezeter bringt Dich nirgendwo hin. Weder zu einer Lösung noch zu einem gelassenen Leben. Im Gegenteil, es regt Dich auf, es nimmt Besitz von Dir und Deine Gedanken kreisen nur noch um das Problem und die Ungerechtigkeit in der Welt. Geh die Sache doch mal ganz anders an. Zäume also das Pferd von hinten auf. Anstatt Dich auf das Problem zu konzentrieren, fokussiere die Lösung. Du verwendest so viel Energie auf das Problem, dass wenn Du dies auf die Lösung projizieren würdest, Du schon längst eine hättest. Dein Ansatz ist schlicht umständlich und falsch.

Als erstes musst Du herausfinden, ob Dein Problem denn wirklich ein Problem ist, oder ob Du es zu einem machst. Manche Probleme werden erst durch unsere Aufmerksamkeit, welche wir dieser Situation schenken, zu einem Problem. Ganz simples Beispiel – zwei Mal die gleiche Situation.

Du gehst auf der Straße spazieren und hast Deine fast erwachsene Nichte dabei. Sie ist sexy gekleidet, sie ist ja auch schon 17 Jahre alt. Die alten Nachbarinnen stehen im Garten und halten einen Tratsch. Als ihr an ihnen vorbeikommt, ist schlagartig Ruhe. Ihre Köpfe verfolgen Euch wie von CIA-Agenten. Nachdem Ihr vorbei seid, hörst Du wildes Getuschel. Du drehst Dich um und sagst: „Was quatschen Sie denn schon wieder? Das ist meine Nichte."

So könntest Du reagieren. Du könntest aber auch einfach den Arm um Deine Nichte legen und angeregt mit ihr über ihre schulischen Leistungen oder ihren neuen Freund sprechen. Die älteren Damen in ihrem Garten grüßt Du freundlich mit einem Lächeln auf den Lippen und widmest Dich sofort wieder Deiner Nichte. Was denkst Du, was passiert? Genau. Nichts. Alles in Butter. Es kommt schlicht und ergreifend darauf an, was Du aus der Situation machst.

Ist es aber ein wirkliches Problem, welches Du im Moment hast, dann kommt es nun nur auf eine Sache an: Welche Lösungskompetenz hast Du? Menschen, welche nun nicht in

Stress und Panik verfallen, haben es definitiv leichter eine Lösung für das Problem zu finden. Konzentriere Dich nun also auf die Lösung. Welche Ideen kommen Dir spontan in den Kopf. Schalte Deine Kreativität an und entwickle Ideen. Besinne Dich auf Deine Fähigkeiten und wie Du Probleme in der Vergangenheit gelöst hast. Jeder Mensch hat Probleme in der Vergangenheit gelöst, wir alle haben Erfahrungswerte. Allein schon die Erinnerung, wie Du Probleme in der Vergangenheit gelöst hast, könnte Dich auf einen ähnlichen Ansatz zur Problembeseitigung bringen.

Viele Psychologen sagen, dass das Problem und die Lösung im Prinzip nichts miteinander zu tun haben. Nun, lassen wir das mal so dahingestellt sein. Hinter dieser These steckt aber Wahrheit. Was bringt es Dir, wenn Du wie Rumpelstilzchen um das Problem herumtanzt und es bis in das kleinste Detail auseinandergenommen und analysiert hast? Nichts, Null, überhaupt nichts. In der Analyse steckt nicht die Lösung. Die Analyse bringt Dir, wenn überhaupt, nur dass Du eventuell das gleiche Problem nicht wieder erfahren musst. Die Lösungsfindung wird durch dauernde Problemanalyse extrem erschwert, eventuell sogar unmöglich. Der Fokus ist falsch.

Lösungen findest Du durch die richtige Fragestellung.

1. Was hat Dir in der Vergangenheit geholfen Lösungen zu finden?
2. Finde heraus, was bleiben kann, wie es ist.
3. Was muss geändert werden für die Zukunft, sodass das Problem dann nicht mehr existiert?
4. Teile Dein Problem und dessen Lösung in Schritte ein. Wo stehst Du mit Deiner Lösung im Moment? Ist es auf

einer Skala eine 4? Wie bist Du dort hingekommen? Warum ist es keine 3 oder keine 5?

5. Wie hast Du den Schritt von 1 zu 4 geschafft? Wie die Schritte dazwischen? Du erkennst, dass Du mit kleinen Schritten, einer nach dem anderen, der Lösung näherkommst? Wer hat die Schritte gemacht? Du und zwar komplett alleine. Was erkennst Du daraus? Du hast die Lösung, sie ist schon da.
6. Du hast die Sicht auf das Problem verändert. Somit kam die Lösung. Fragen, welche zur Lösung beitragen, sind logischerweise viel hilfreicher, als Fragen, warum das Problem aufgetaucht ist.
7. Es gibt nur dann eine Lösung für das Problem, wenn Du es zulässt und es Dir auch vorstellen kannst. Alles andere wird Dich von der Lösungsfindung abhalten.
8. Wenn das Problem langsam verschwindet, erkennst Du, dass Du die Lösung gefunden hast. Vielleicht auch deswegen, weil Du es nun schlicht nicht mehr als ein Problem ansiehst. Dies gilt übrigens sowohl für private als auch berufliche Probleme oder was wir für welche halten.

Selbstvertrauen, aber auch Vertrauen in das große Ganze

„Falls Du glaubst, dass Du zu klein bist, um etwas zu bewirken, dann versuche mal zu schlafen, wenn eine Mücke im Raum ist.“

Dalai Lama

Sicherlich hat der Dalai Lama dies auch mit einem Augenzwinkern gemeint. Aber darin ist auch sehr viel Weisheit enthalten. Selbstvertrauen, was ist das eigentlich? Selbstvertrauen ist, wenn Du Dir selbst traust. Ganz so einfach ist es natürlich nicht. Du vertraust in Dich und in Deine Fähigkeiten, Deine Kräfte, Deine Person und was Du darstellst. Etwas einfacher erklärt, Du weißt, was Du bist und kannst – und was nicht. Du hast keine Angst vor der Zukunft, da Du weißt, dass Du diese meistern wirst mit all Deinen Fähigkeiten, welche Du aus der Vergangenheit kennst. Im Wort Selbstvertrauen steckt aber auch das Wort Zuversicht. Heute verwendet man dieses Wort leider nicht mehr so häufig.

> Vertrauen, Sicherheit, Gewissheit gepaart mit Zuversicht – dann ist das Selbstvertrauen. Ein Mensch, welcher Selbstvertrauen besitzt, schaut mit Ruhe und Gelassenheit in seine Zukunft. Er tritt der Zukunft mit großem Optimismus und sorglos entgegen. Angst ist ihm nahezu fremd und er ist bereit für die Herausforderungen des neuen Morgens.

Selbstvertrauen zu haben ist extrem wichtig, um gelassen sein zu können. Wenn Du nicht mal Dir selbst vertraust, wie könnte jemand anders Dir vertrauen? Vertrauen in das sogenannte „große Ganze“ zu haben ist ein weiterer Schritt. Man könnte meinen, die Nonnen und Mönche haben genau dieses. Sie haben das Vertrauen unter der Hand Gottes zu sein. Das Vertrauen in das große Ganze ist nichts anderes, als zu wissen, dass da eben eine höhere Macht ist, welche über uns wacht. Ob dies für jeden das gleiche ist, wage ich stark zu bezweifeln. Für den einen ist es sein Glaube in Gott – wie auch immer dieser ausschauen mag. Die einen nennen es Gott, die anderen eine höhere Macht oder Wesen, wieder andere nennen es den höheren Geist (the higher spirit). Ich beschreibe es gerne allgemeiner. Es ist das sichere Gefühl, nicht von diesem Planeten oder sogar dem Fußboden fallen zu können (abgesehen davon wenn ein Meteorit einschlägt). Auch wenn das Leben alles andere als sicher ist, so sind wir doch auf diesem Planeten in einer Hülle und diese wird uns unter normalen Umständen schützen. Das war nun sehr praxisbezogen.

Sehen wir die Sache philosophisch, dann geht es tatsächlich darum, zu glauben und zu vertrauen, dass wir nicht einfach geboren werden, leben und sterben. Wer glaubt und sogar weiß, dass nichts ohne Grund geschieht, lebt wesentlich gelassener als die, welche irgendwie durch den Tag hetzen ohne Ziel.

Die nächste Frage ist: Gibt es ein Ziel? Oder ist der Weg das Ziel? Eine Gewissheit in sich zu tragen, dass es einen Grund hat, warum wir geboren wurden und dass unser Leben für etwas gut ist, hilft gelassen durchs Leben zu gehen. Es geht nicht so sehr um das Ziel, denn wenn man sich auf ein Ziel zu sehr versteift, dann verliert man seine Gelassenheit und kommt in eine Verbissenheit, welche oft in Stress endet. Verstehst Du aber, dass der Weg das Ziel ist, dann kannst Du gelassen durchs Leben gehen. Der Weg ist manchmal kürzer und manchmal länger. Viel Interessantes gibt es am Wegesrand zu entdecken und zu lernen. Aber auch etwas weiter weg vom Weg kann man Erfahrungen sammeln und so manch schönes Erlebnis haben. Sich selbst immer und ständig unter Druck zu setzen und weiter und weiter zu pushen ist stressig und ungesund. In Gelassenheit hinzunehmen, was hinter der nächsten Ecke auf einen wartet, ist mit Selbstvertrauen und Vertrauen auf das große Ganze wesentlich effektiver und stressfreier. Wenn Du weißt, dass jeder von uns für etwas gut ist, egal was, dann kannst Du Dein Leben in Gelassenheit angehen.

Der 15 Minuten Schlaf: Powernapping

Auch wenn wir all dies wissen, sind wir während des Tages oft großem Stress ausgesetzt. Die Anforderungen können manchmal auch überfordern. Die Konzentration lässt nach und so auch die Kreativität. Es gibt ein relativ einfaches Mittel wieder schnell zu neuer Frische und Energie zu kommen: das Powernapping.

> Der 15 Minuten Schlaf ist kurz und effektiv. Gerade in diesen 15 Minuten laden sich Deine Akkus wie von Zauberhand wieder auf. Wird die Zeit des Schlafes aber zu sehr in die Länge gezogen, ist der Effekt wieder weg und Du gehst in die Tiefschlafphase ein.

Wenn Du dann nach einer Stunde aufwachst oder geweckt wirst, bist Du wie gerädert und müder als vorher. Wissenschaftler haben bestätigt, dass gerade dieser kurze und knackige Schlaf es ist, welcher Dich mit frischer Energie versorgt. Du bist hinterher gelassener und ruhiger. Mit neuer Kreativität kannst Du wieder frisch ans Werk gehen und Deine Arbeit schneller und präziser erledigen. Probiere es einfach einmal aus. Stelle Dir aber einen Wecker, denn nach den 15 bis 20 Minuten ist der Effekt leider weg.

Auf die richtige Atmung kommt es an

Aufregen ist was für Anfänger – Profis atmen erst mal durch.

Christian Morgenstern wusste schon: „Ruhe im Innern, Ruhe im Äußern. Wieder Atem holen lernen, das ist es."

Du kennst diese Situationen, welche uns den Atem nehmen. Wenn wir atemlos zwar nicht wie Helene Fischer durch die Nacht hetzen, aber durch den Tag. Es ist wissenschaftlich bestätigt, dass wir weniger tief atmen als wir sollten. Nahezu wir alle atmen sehr flach. Das ist keine gute Sache. Atmen ist nun einmal die einzige lebenserhaltende Maßnahme, welche wir tun müssen, solange wir leben. Selbst im Schlaf atmen wir. Aber es kommt eben auf das **wie** an. Wenn wir uns aufregen, dann werden wir lauter und schreien auch eventuell. Unser Herzschlag erhöht sich und wir fangen an zu hyperventilieren. Wir atmen unregelmäßig oder sehr flach. Unser Kopf wird rot und röter. Wir atmen nicht mehr richtig. In dieser Situation wäre es nun umso wichtiger, dass wir tief einatmen, den Atem anhalten für ein paar Sekunden und dann den Atem langsam wieder aus dem Mund ausströmen lassen. Ich nenne dies immer die Überlebensmaßnahme Nummer 1. Richtiges tiefes Atmen. Alles in Dir wird sich entspannen und beruhigen. Dein Herzschlag normalisiert sich und Dein Blutdruck sinkt wieder auf normal. Da Du so sehr mit dem richtigen Atmen beschäftigt bist, vergisst Du worüber Du Dich eigentlich so sehr aufgeregt hast. Und dann ist es auch schon wieder vorbei mit dem Ärger.

Atmen und hierbei richtiges Atmen ist ausschließlich für Dich. Es ist der beste Weg viel Sauerstoff in Dich und Deinen kompletten Körper zu befördern. Auch wenn Du jetzt denkst: Ich atme doch, sonst wäre ich ja tot. Es ist klar, dass Du atmest, aber es ist nichts, was Du noch wirklich mit Aufmerksamkeit machst. Auch bei der Atmung können sich Fehler einschleichen. Du kannst in den Bauch atmen oder eben in die Lunge.

Auf den Hund gekommen: Haustiere helfen gelassen zu werden

„Ein Leben ohne Mops ist möglich, aber sinnlos."

Loriot

Als Doris Day sehr hochgetagt starb, waren alle ihre Lieben tot oder sie war von ihnen geschieden. Sie war reich, dann pleite und dann wieder reich. Sie starb mit 180 Millionen Dollar und 40 Haustieren, welche ihr Vermögen erbten. Wieso tat sie das? Ich kann nur vermuten. Wahrscheinlich haben diese Haustiere ihre Familie dargestellt. Sie wurde nie kritisiert von ihren kleinen Lieblingen. Sie konnte im Nachthemd oder Jogginganzug durchs Haus schlurfen und die Tiere liebten sie trotzdem. Aber es gibt tatsächlich den wissenschaftlichen Beweis, wie wir auf ein Haustier reagieren. Hierbei geht es nicht um den bewussten Teil, sondern wie unser Unterbewusstsein auf ein Haustier reagiert.

Wenn Menschen älter werden, dann kommen sie oftmals auf den Hund oder eben die Katze. Plötzlich ist da wieder ein Lebewesen und dieses ist so unbedarft, so voller Leben. Es weiß nichts von Deinen Problemen, Deinen Ängsten und Deinen negativen Gedanken. In der Regel werden Tiere als Welpen oder Kitten angenommen und dann aufgezogen. Fast wie mit Kindern. Da entsteht eine Bindung, welche enorm ist. Dieses unschuldige Tier erkennt Dich als das Alpha Tier an. Egal ob Hund oder Katze. Es spürt logischerweise instinktiv, dass Du gut zu ihm bist. Du bist da. Du beschützt und fütterst es. Es wird sich schnell bei Dir bedanken. Der Hund kann dies einfacher zeigen als nun eine Katze, aber diese hat ihre spezielle Methode, um Dir ihre Dankbarkeit und Liebe zu zeigen.

Ist Dir schon mal aufgefallen, dass die Katze ihren Kopf gegen die Hand dessen drückt, welche sie füttert? Das heißt: Danke! Katzen und Hunde können mit dem Menschen, mit ihrem Menschen kommunizieren. Zahlreiche Studien haben bewiesen, dass allein schon die Anwesenheit eines Haustieres (das kann auch ein Goldhamster, Hase oder Vogel sein), den Halter beruhigt. Allein der Gedanke, das ist jemand, um den muss ich mich kümmern. Ich habe Verantwortung für dieses Wesen, denn ich habe mich ja bewusst um seine Anschaffung bemüht. Wusstest Du, dass wenn Du eine Katze oder einen Hund streichelst, dass dies Dich beruhigt? Nein, ist aber so. Dein Blutdruck sinkt, Dein Herzschlag reguliert sich auf normal. Ja, selbst Asthmatiker und chronisch Bronchitis-Erkrankte haben mehr Vorteile, wenn sie einen Vierbeiner beherbergen. Studien während der Pandemie haben gezeigt, dass der Vierbeiner seinen Besitzer gelassener macht. Man geht mit ihm spazieren, ist an der frischen Luft, hat Bewegung und Spaß. Gerade auch Menschen, welche alleine leben, sind dank Haustier nicht mehr einsam. Es reicht tatsächlich, das Lieblingstier anzusehen, zu streicheln und zu wissen, es ist da und die Gelassenheit zieht in den Besitzer ein. Es ist eine Art Automatik, welche auch von kinderlosen Menschen genau so empfunden und beschrieben wird. Man kann nicht in Selbstmitleid zerfließen, das Haustier benötigt einen. Es braucht Futter, Zuwendung, Streicheleinheiten, Auslauf, Spielzeiten, eventuell einen Tierarztbesuch. Da kann man sich nicht das Gehirn zermartern über Dinge, welche man eh nicht ändern kann. Das Tier muss versorgt werden. Die Vierbeiner geben aber all die Mühe hundertfach zurück.

Wahre Geschichte: Ich habe eine gute Freundin. Sie ist starke Allergikerin (kein Witz) auf fast alles außer Tierhaare. Eines Abends bekam sie schlechte Nachrichten von ihrer schwer kranken Mutter. In Zeiten von Pandemien konnte sie aber nicht zur Mutter eilen, also legte sie sich aufs Bett und wie auch immer es passierte, sie fing an zu hyperventilieren. Es wäre beinahe schiefgegangen, da kamen ihre 2 Kater zu ihr und einer kuschelte sich an die Brust – der andere an den Rücken. Sie beschrieb es so: Sie waren wie 2 kleine Bodyguards. Sie waren einfach da. Sie begann den vor ihr liegenden Kater zu streicheln. Der hinter ihr beschwerte sich, warum er nichts abbekam. Sie fingen an zu spielen, zu schmusen und nach 15 Minuten war alles wie vorher. Ihr ging es wieder gut und wenn sie heute weiß, dass eine schlechte Nachricht eintrudeln könnte, schaut sie sich automatisch nach den beiden Katern um und schnappt sich einen für Streicheleinheiten. Es hilft ihr dabei, alles besser zu verarbeiten. Sie weiß, dass sie gebraucht wird.

Sicherlich hast Du schon gesehen, dass Hunde und auch Katzen in Altersheime gebracht werden. Sie haben einen extrem beruhigenden Einfluss auf die Senioren vor Ort. Von dort wird berichtet, dass seitdem Hunde- oder Katzenbesuche kommen, die älteren Menschen weniger gestresst sind. Auch Depressionen seien wie weggewischt. Jeder freut sich auf die Besuchszeiten der Vierbeiner. Selbst diese Insassen, welche so gut wie nie aus ihren Zimmern kommen, seien plötzlich in der Runde anwesend und könnten es nicht erwarten die Tiere zu streicheln. Stress würde so abgebaut, der

Depression entgegengewirkt und es komme mehr Lebensfreude in die Menschen zurück.

Auch Jugendliche und Kinder, welche zu der nervösen Sorte gehören und Probleme mit der Konzentration haben, haben sehr viele Vorteile durch ein Haustier. Plötzlich können sie sich sehr gut auf das Tier konzentrieren. Sie sind viel ruhiger und ausgeglichener. Sie gehen mit einer Gelassenheit mit den Tieren um, wie es die Eltern und Geschwister vorher noch nie gesehen haben. Du siehst also, ein Haustier kann Menschen beruhigen und gelassener machen. Denk darüber nach, falls Du noch nicht auf Hund oder Katze gekommen bist.

Seine Berufung finden

Seine Berufung zu finden ist nicht immer eine leichte Angelegenheit – zugegeben. Aber manchmal muss man sie auch gar nicht finden, denn tief drinnen weiß man, was seine Berufung ist. Auch wenn im Wort Berufung das Wort Beruf steckt, hat diese nicht immer mit der Berufswahl zu tun. Die Berufung kann sein, dass Du auswanderst – irgendwo komplett anders hin. Von vorne anfangen und dort glücklich sein. Mit einem ganz anderen Leben. Deine Berufung kann sein, dass Du Kinder adoptierst, damit diese versorgt sind und endlich ein gutes Zuhause haben. Oder dass Du Dich um herrenlose Tiere kümmerst. Ehrenamtlich und auch ein paar mit nach Hause nimmst. Andere Berufungen können sein, dass Du fliegen lernst, Tauchen, Segeln oder Malen. Für jeden ist diese Berufung etwas anderes. Für manche ist sie auch überhaupt nicht wichtig. So scheint es jedenfalls. Doch, lass uns dies einmal genauer anschauen. Kennst auch Du das Gefühl dieser inneren Leere? Fragst Du Dich manchmal, ob es das schon alles war? Kommt da wirklich nichts anderes mehr, bis ich ins kühle Grab steige? Nun, das liegt ganz in Deiner Hand.

Die Japaner nennen es Ikigai. Der Sinn des Lebens. Manche nennen es Berufung. Wieder andere die Lebensaufgabe. Die Nonne sagt: „Es war der innere Ruf." Doch, wie findest Du denn nun Deine Berufung oder Deinen Sinn im Leben?

Lass uns die Sache Mal ganz praktisch angehen. Welche Talente und Fähigkeiten hast Du? Bist Du zum Beispiel sehr geschickt mit Deinen Händen? Kannst Du kaputte Dinge wie von Zauberhand reparieren und es macht Dich glücklich in die erstaunten, dankbaren Augen der Menschen zu sehen, denen Du damit geholfen hast? Oder bist Du einfach nur glücklich und innerlich total zufrieden, wenn Du älteren Menschen hilfst oder Kindern? Bist Du einer, der sich gerne um andere kümmert und daraus seinen inneren Frieden zieht? Zieht es Dich in die Lüfte? Bist Du nur im Flugzeug frei und ruhig? Macht der Umweltschutz Dich zu einem wahren Helden, denn darin hast Du Deine Berufung gefunden. Du siehst, manchmal liegt es sehr nahe.

Wichtig ist, dass Du das Gefühl der Leere spüren musst, um zu wissen, dass Du auf der Suche nach mehr bist. Was ist mein Sinn im Leben? Dann schau Dich um und betrachte Deine Talente näher. Probier vieles aus, wenn Du nicht gleich Deine Berufung findest.

Ich weiß, das klingt mühsam – kann es auch sein. Aber, wenn Du Deine Berufung gefunden hast, wirst Du angekommen sein. Gelassenheit ist ein sicheres Anzeichen dafür, dass man den Sinn im Leben gefunden hat. Dies kann mit großen Veränderungen einhergehen. So ist das Leben manchmal. Auf Umwegen ins Glück. Das Gute daran ist, dass Du es dann wirklich schätzt. Du weißt, wie glücklich Du Dich schätzen kannst, dies gefunden zu haben.

Sicher sein, dass Du Deine Berufung gefunden hast, kannst Du Dir dann, wenn dann eben die angestrebte Gelassenheit in Dich strömt. Du wirst es sofort spüren. Es wird Dir dann so gut gehen, wie es nie vorher war. Du kannst es Dir nun gutgehen lassen. Du weißt nun, dass Du die richtige Arbeit verrichtest. Dass Du Menschen oder Tieren Gutes tust. Dass

Dein Leben und Tun hilft oder dass Du schlicht Deiner Passion folgst. Bei den Japanern ist das Ikigai, also der Sinn des Lebens, oftmals das mit größter Passion ausgeübte Hobby. Für manch anderen nimmt dies schon bizarre oder sogar ins Lächerliche gehende Züge an, nicht so für die Person, welche ihre Berufung gefunden hat. Auch hier ein Tipp für Dich: egal was Deine Berufung ist, es ist Deine. Lebe sie, liebe sie und spüre, wie Dir das guttut. Nur darum geht es in diesem Punkt.

„Es kann der Frömmste nicht in Frieden leben, wenn es dem bösen Nachbarn nicht gefällt“

Dies Zeile aus Friedlich Schillers Wilhelm Tell ist auch heute und gerade heute sehr gültig. Dieser Spruch ist leider einfach wahr. Es ist egal, was für ein friedliebender Mensch Du bist, wenn Du den fleischgewordenen Teufel als Nachbarn hast, dann wird es schwierig mit der Gelassenheit. Es gibt sie, diese Kleinkriege mit der Person von nebenan. Da kann es sich um wesentlich perfidere Dinge handeln als nur den Kirschbaumast, der in seinen Garten reicht. Da kann es um unangenehme Gerüche gehen, welche aus der Wohnung dringen und beim Nachbarn Übelkeit hervorrufen. Oder das Kindergeschrei ist so unerträglich, dass es den Nachbarn ins Irrenhaus bringt (wenn dem nur so wäre). Der Hund ist auch zu laut, er stinkt und bellt und gibt es nicht sogar Flöhe im Hausflur, seit das Tier eingezogen ist? Der Kinderwagen steht immer im Weg und die Schuhe haben nun wirklich nichts im Hausflur verloren. Muss denn immer mit so viel Knoblauch gekocht werden und warum läuft der Fernseher nach 23 Uhr?

Ich könnte die Liste ins Unendliche fortführen. In Wahrheit geht es um Dinge wie Neid, Eifersucht sowie große Unzufriedenheit mit der eigenen Person und dem eigenen Leben. Dies wird nun auf den oder die Neuen projiziert. Das ist viel einfacher, als sich mit der eigenen Misere auseinander zu setzen. In so einer Umgebung wirst Du keine Gelassenheit finden können. Außer Du bist ein extrem starker Charakter und ignorierst alle Anfeindungen mit einem Lächeln im Gesicht. Ist dem nicht so, dann rate ich zu einem klärenden Gespräch. Der Sachverhalt muss geregelt werden, denn auf Dauer ist dieser Zustand nicht auszuhalten. Bringt dies nichts oder ist der Nachbar nicht gesprächsbereit, dann solltest Du mit einem Anwalt versuchen herauszufinden, welche Möglichkeiten Du hast. Wenn nichts fruchtet, dann musst Du eventuell tatsächlich wieder ausziehen und Dir eine angenehmere Nachbarschaft suchen. Der böse Nachbar ist eine Sache und dies kann schon ärgerlich genug sein.

„Lasse das Verhalten anderer
nicht Deinen inneren Frieden stören.“

Dalai Lama

Dies ist nur bedingt mit dem Nachbarn ausgestanden. Die „anderen“ können viele sein. Das können Bekannte sein, Freunde, im schlimmsten Fall ist es jemand in der Familie oder sogar Dein Partner. Es können im einfachsten Fall Fremde sein, welche zum Beispiel im Park grillen. Dies stört Dich. Welche Möglichkeiten hast Du? Im Prinzip 2. Die eine ist, dass Du Dich aufregst und verärgert den Park verlässt. Das war's dann mit Deiner Gelassenheit. Die 2. Möglichkeit ist, dass Du es einfach als etwas akzeptierst, was im Moment geschieht und Deine Aufmerksamkeit erregt hat. Nun kannst Du entscheiden, ob es Dich aus der Ruhe bringt oder nicht. Warum versuchst Du nicht zu atmen? Leg Dich auf den Rücken auf Dein Handtuch oder Deine Decke und schau in den blauen Himmel. Beobachte die Wölkchen, welche leicht an Dir vorbeiziehen. Lass Deine Gedanken dort hinauffliegen und reise mit den Wolken. Atme intensiv und mache einen Bodyscan. Wie fühlst Du Dich wirklich im Moment? Außer, dass diese Menschen ihr Essen zubereiten ist doch nichts Schlimmes passiert. Sollte Dich wirklich der Geruch von gegrilltem Essen stören, dann geh einfach ein paar Meter weiter, wo der Wind nicht den Essensgeruch zu Dir trägt. Situation geregelt. Alles wieder gut.

Schwieriger wird es, wenn man Dich dumm anmacht. In der U-Bahn oder im Bus, am Bahnhof. Das kann eskalieren. Vermeide dies unter allen Umständen. Ärger geht man aus dem Weg. Dies Schäden für Körper und Geist können über Gebühr groß sein. Wenn Dich jemand auf der Arbeit stört, dann geh zu Deinem Firmenvertrauensmann (Frau) und erkläre die Situation. Es ist immer besser einen Mediator zur Hilfe zu holen. Oftmals ist es dem Kollegen nicht klar, dass er mit seiner Art Kollegen auf die Füße tritt oder auf den berühmten Schlips. Passiert Dir dies öfters, dann solltest Du aber auch mal Dich selbst überprüfen. Wie ist Deine Wahrnehmung und wie Deine Selbstwahrnehmung. Wie schaut es mit Deinem Selbstbewusstsein und Deinem Selbstwert aus? Dies solltest Du generell von Zeit zu Zeit überprüfen und wieder neu justieren. Dinge können sich verändern, die ganze Welt um uns herum verändert sich ständig. Verändere Dich mit ihr - bleib im Flow. Passe Dich etwas an und das Leben wird leichter und gelassener. Wenn man immer an den alten Werten kleben bleibt und stoisch unbeweglich ist, ist Ärger und Verdruss vorprogrammiert. Schau den Menschen aufs Maul. Dieser Satz stamm von keinem Geringeren als Martin Luther. Was damals galt, gilt noch immer. Missverständnisse sind an der Tagesordnung und die kann man nur klären, wenn man die gleiche Sprache spricht, und ich meine hier nicht, dass einer der beiden nicht der deutschen Sprache mächtig ist. Das Chamäleon verändert ständig seine Farbe. Es passt sich unaufhörlich seinem Hintergrund an. Das ist eine geniale Überlebensstrategie. Ich sage nun nicht, werde zum Duckmäuser und passe Dich unaufhörlich an. Aber probiere Dich der Situation anzupassen. Versuche die Jugendlichen im Park zu verstehen und spreche ihre Sprache. Auch mit älteren Menschen kann man nicht immer unbedingt so sprechen wie mit Menschen mittleren oder jüngeren Alters. Sprache ist unser Kommunikationsmittel Nr. 1 mit der Körpersprache zusammen.

Anstatt Dich vom Verhalten anderer im inneren Frieden stören zu lassen, versuche doch neugierig zu sein. Lerne, wie diese Menschen ticken und warum Dich ihr Verhalten aufregt und aus der Gelassenheit bringt. Wir können die Menschen nicht austauschen, wir haben nur diese. Aber wir können sie kennenlernen und verstehen, wieso sie diese Dinge tun, welche Dich so aufregen. Zwischen all dem, vergiss nicht zu atmen. Schon dies wird Dich wieder etwas beruhigen und Du siehst die Dinge sachlicher. Mit etwas Distanz wirst Du sie sogar noch klarer sehen. Häufig reicht es schon einen Schritt zurückzugehen. Komplett anderer Blickwinkel. Probiere es einfach mal aus. Es funktioniert. Wenn Du den anderen nicht ändern kannst und dies ist aus Erfahrung heraus ein schwieriges Unterfangen, dann zieh Dich aus der Situation direkt heraus und werde ein stiller Beobachter. Das ist viel entspannter und das Leben kann fröhlich und beschwingt weitergehen.

Lerne, alleine zu sein

Der Dalai Lama, aber auch andere spirituelle Menschen wissen: es ist wichtig jeden Tag Zeit mit sich selbst zu verbringen. Das Alleinsein ist für sehr viele Menschen sehr schwer. Sie leiden unter Einsamkeit, welche ihnen fast schon körperlich weh tut. Dass ist eine interessante Entwicklung in den Menschen der Neuzeit. Umso überbevölkerter dieser Planet wird, umso mehr suchen die Menschen die Nähe zu anderen Menschen. Eigentlich paradox, oder? Wie schaut das bei Dir aus? Bist Du fähig auch mal 2 Stunden Dich alleine zu beschäftigen? Kannst Du in Deinem Hobbykeller alleine etwas herstellen oder reparieren oder bekommst Du dann die Panik, was machen die anderen oben ohne mich? Schwingst Du Dich öfters auf Dein Rad, ohne Partner und radelst eine Stunde aufs Land hinaus. Nur Du, Dein Fahrrad und die Natur um Dich herum. Kannst Du Dich in ein Zimmer zurückziehen und in einem guten Buch lesen. Ganz entspannt ohne Störung?

Viele Menschen verwechseln Alleinsein mit Einsamkeit. Dies sind zwei grundverschiedene Dinge. Wenn Du alleine bist, dann ist keine andere Person anwesend. Wenn Du einsam bist, dann sehnst Du Dich in Deinem Alleinsein nach einem zweiten Menschen. Du leidest unter dem Alleinsein, weil Du es nicht willst oder nicht kannst. Du erkennst nicht das Gute daran, wenn man ab und zu allein ist. Zugegeben, in der heutigen Zeit ist Alleinsein eher unpopulär. Wir sind die Sklaven des Handys und des Internets. Wehe wir sind einmal nicht erreichbar. Dann bricht die ganze Welt zusammen. Viele sind ständig online, um bloß nichts zu verpassen. Bei jedem noch so sinnlosen Getratsche müssen sie auf dem aktuellen Stand der Dinge sein, sonst befürchten sie den Anschluss verloren zu haben. Woher kommt das?

Beim Burnout ist ein Therapieansatz, nicht erreichbar zu sein. Allein zu sein mit sich und seinen eigenen Bedürfnissen.

> Raus aus dem nimmer endenden Hamsterrad und
> hinein in das eigenen Selbst.
> Endlich Zeit nur für sich selbst.

Ein Wochenende, an dem man einfach mal nur das macht, was man wirklich will. Keine Kompromisse. Das Essen kochen, was man will und es genießen ohne den vorwurfsvollen Blick des Gegenübers. Sich im Pyjama in einen Sessel kuscheln mit einer großen Tasse Tee und endlich mal das Buch lesen, was schon so lange auf der Liste steht. An den einsamen Waldsee fahren und schwimmen. Ganz alleine in der Natur und sich wieder selber spüren. In sich hineinhören und endlich wieder die eigene Stimme hören zu können, ohne Handygebimmel und pausenloses WhatsApp Getratsche.

Am Anfang werden die Menschen und vor allem Dein Partner sehr seltsam auf Dich reagieren. Wieso willst Du denn plötzlich allein sein? Bist Du nicht mehr glücklich mit mir? Habe ich was falsch gemacht? Liebst Du mich nicht mehr? Puh... Dein Partner sollte an seinem Selbstbewusstsein arbeiten – dringend. Versuche Deinem Partner und Deinem Umfeld ruhig und gelassen zu erklären, dass dies nichts mit ihnen zu tun hat, sondern ausschließlich mit Dir. Dass Du diese Auszeiten im Moment brauchst, um Dich wieder zu finden und zu erden. Du suchst diesen Zustand bewusst.

Was bringt Dir die Zeit allein? Du wirst Dich Deiner wieder mehr bewusst. Dies steigert Dein Selbstbewusstsein, weil Du wieder in der Selbstwahrnehmung angekommen bist. Du denkst wieder an Dich und nicht an den ganzen Planeten. Deine Wünsche, Ziele und Bedürfnisse kommen Dir wieder ins Bewusstsein und Du kannst Deinen aktuellen Stand ermitteln. Wo stehst Du? Wie schaut es aus mit den Dingen, welche Du im Leben erreichen wolltest und was kannst Du tun, um diese zu erreichen? In der Zeit allein machst Du ausschließlich Dinge, welche Du willst und welche Dir guttun. Es ist wie ein Stück Freiheit. Du entscheidest – niemand kann Dich beeinflussen.

Probleme, welcher Art auch immer, kannst Du in der Regel, wenn Du allein bist, besser wahrnehmen und ruhiger analysieren. Lösungen kommen im Alleinsein viel schneller, denn niemand gibt seinen Senf dazu, ohne involviert zu sein. Maler wie Picasso, Dali und all die anderen großen Namen waren allein draußen im Sonnenblumenfeld und malten wie die Besessenen. Im Pulk wäre das nichts geworden. Die Kreativität, welche einen durchströmt, wenn man allein ist, ist enorm. Kennst Du einen Schriftsteller, welcher auf dem Oktoberfest seinen Laptop rausholt und einen Beststeller schreibt? Ich nicht. Wann kommen Dir die besten Gedanken? Na, genau – wenn Du im Bett liegst und eigentlich schlafen solltest. Dann sind sie da – all die guten Ideen. Warum? In der Nacht ist es ruhiger und irgendwie sind wir da auch allein, außer wir haben einen schnarchenden Partner neben uns liegen.

Die Person, welche Dir am nächsten ist, bist und bleibst Du. Das ist so. Wie es bei eineiigen Zwillingen ist, weiß ich nicht.

Für den Rest gilt, wenn Du ausschließlich auf Partner, Freunde, Familie und das Internet hörst, dann machst Du Dich davon abhängig. Diese Abhängigkeit ist sogar auf mehreren Leveln vorhanden. Du brauchst die Anerkennung von all den Menschen und Du handelst so, dass Du auf keinen Fall von diesen Menschen kritisiert wirst oder ihre Liebe verlierst. Das hat nichts mit einem gelassenen Leben zu tun. Selbstbewusstsein – Fehlanzeige. Du musst erkennen, wer Du bist und wer Du sein willst.

Alleinsein hat auch nichts mit Langeweile zu tun. Ganz im Gegenteil. Genieße die Stille mit Dir. Achte Dich wieder. Meditiere und erkenne Dich selbst. Vielleicht „musstest" auch Du noch als Kind nach dem Mittagessen oder der Schule die berühmte Stunde ruhen. Allein in Deinem Kinderzimmer sein und ein Nickerchen machen oder ganz leise spielen oder Deinen Gedanken nachhängen. War das so schlecht? Ich denke nicht. Es ist wie ein Herunterfahren aus der Hektik des Tages. Eine reine Wohltat. Im Alleinsein wirst Du gelassen. Du bist hellwach und kannst Dich selbst wieder hören und fühlen. Achtsamkeit kommt in Dein Leben und somit Gelassenheit. Das tiefe Erkennen und Bewusstsein, dass Du sicher bist und dass Du gut und richtig so bist, wie Du eben bist. Hier kann auch allgemein einmal die Frage gestellt werden, ob Du denn im Moment in Deinem Leben glücklich bist? Bist Du da, wo Du sein wolltest, oder gibt es Dinge, welche eben nicht so laufen, wie Du es gerne hättest? Höre in Dich hinein und erkenne, welche Lösungen Dein Unterbewusstsein Dir zuruft. Akzeptiere Diese stillen Zeiten und lerne diese zu schätzen. Es sind wahre Schätze, welche Dich in Deinem Leben sehr weiterbringen werden, als alle hektischen, schnellen und oberflächlichen Zeiten zusammen.

Dalai Lama: „Wer alles mit einem Lächeln beginnt, dem wird das meiste gelingen"

Schon als Kind ist mir aufgefallen, dass der Großvater meines besten Freundes immer mit einem Pfeifen auf den Lippen in seinen riesigen Garten ging. Er hatte einen Taubenschlag, Hasen und viele Obstbäume. Als Kind saßen wir in den Obstbäumen und haben Kirschen und Äpfel gegessen, bis wir fast platzten. Wir hatten eine tolle Kindheit. Der Großvater hatte viel zu tun. Nach all diesen Bäumen schauen, sie pflegen sowie die Hasen und die Tauben versorgen. Da ging manchmal ein Marder rein. Das war nicht schön. Marder sind kleine Raubtiere – die kommen, um zu töten. Auch wenn so etwas Schreckliches passierte, der Großvater ging hin und hat alles wieder in Ordnung gebracht. Er ging mit einer Gelassenheit, welche mir bis heute im Kopf geblieben ist. Dieser Mann war ein sehr großer Tierfreund. Es hat ihm jedes Mal das Herz gebrochen, wenn der Marder sein Unwesen trieb.

> Aber er wusste, dass er daran nichts ändern konnte und das Aufgeregtheit und Kopflosigkeit nur zu größerem Unglück führen würde.

Dieser Mann war selbstständig und arbeitete bis zwei Monate vor seinem Tod. Jeden Morgen stand er zur gleichen Zeit auf und nahm sein Frühstück. Dann ging er mit einem Lächeln an seine Arbeit. Er war körperlich tätig und mit über 70 war dies sicherlich kein Zuckerschlecken mehr. Aber er war frei und sein eigener Herr. Das war ihm das wichtigste. Ich erinnere mich, dass ich ihn einmal fragte, als ich noch ein Kind war, warum er immer lächelt, wenn er arbeitet. Seine schlichte Antwort war: Mit Verdruss kommst Du auch nicht schneller voran.

„Lächle und die Welt verändert sich."

Buddha

Manche sagen auch: Lächle und die Welt lächelt zurück. Hast Du das schon mal ausprobiert? Versuch es! Es ist erstaunlich und wunderbar. Fahre im Auto und lächele jedem anderen Autofahrer zu. Auch den Rasern und den Rüpeln. Die Wirkung ist sofort sichtbar und spürbar. Alles kommt ins Fließen. Nahezu jeder andere lächelt zurück. Druck wird aus stressigen Situationen genommen. Mit einem Lächeln Vorfahrt gewähren – und Du kommst trotzdem schneller an Deinem Ziel an. Aber mit mehr Ruhe und Gelassenheit.

Wenn Du eine ungeliebte Arbeit mit einem zornigen verärgerten Gesicht anfängst, dann ist dies nichts anderes als der innere Spiegel Deiner Seele. Du sträubst Dich gegen diese verhasste Arbeit. Was bringt Dir das? Du musst es machen, da führt kein Weg dran vorbei. Wenn Du aber sauer und verärgert bist, wird Dich dies ausbremsen. Du wirst sehr langsam arbeiten und mit einer totalen Unlust. Das Ergebnis ist, dass Du Stunden länger brauchst, als es hätte sein müssen. Nun dreh den Spieß einmal um. Die Arbeit ist immer noch die gleiche, unangenehme Sache wie vorher. Diesmal aber gehst Du mit einem Lächeln ans Werk. Du lächelst und somit stimmst Du Dich innerlich auf positiv. Der Verdruss blockiert Dich – ein Lächeln befreit Dich. Da diese Arbeit Routine ist, sitzt jeder Handgriff – mit dem Lächeln im Gesicht bist Du in der Hälfte der Zeit fertig. Das bringt Dir was – die verhasste Arbeit ist getan. Auf zu neuen angenehmen Dingen.

Nun stell Dir vor, Du hast ein Meeting, eine Geschäftsbesprechung, was auch immer. Du sitzt oder stehst da wie ein Trauerkloß und hast eine miese Laune. Dein Gesicht spricht Bände, leider nur negative und keine positiven. Was denkst Du wie das Meeting laufen wird für Dich? Bescheiden und das ist noch geschmeichelt. Das oberste Gebot für den Verkauf, für Meetings, für alle Gelegenheiten, zu denen Menschen zusammenkommen und etwas Produktives geschaffen werden soll, ist: Lächeln. Positiv sein und Energie versprühen. Es ist schon allein von der Körpersprache her sehr schwierig einem lächelnden Menschen etwas abzuschlagen. Das Sonnyboy Image zieht immer. Was wäre Elvis Presley ohne sein berühmtes Lächeln gewesen. Einer unter Millionen. Lächeln öffnet Türe und Tore und die Herzen der Menschen. Hier ist Vorsicht geboten. Dein Lächeln sollte echt sein. Man spürt es, ob Du ein aufgesetztes Lächeln hast oder es wirklich aus Deinem Herzen kommt. Ist letzteres der Fall, dann stehst Du auf der Sonnenseite des Lebens. Es ist richtig, was Buddha schon vor so langer Zeit wusste. Lächele und Du veränderst die Welt – in etwas Positives. Lächeln ist nie negativ. Dir wird mit dieser inneren Einstellung vieles leichter von der Hand gehen und Dir mehr Freunde und Befriedung bringen.

Sport hilft, um inneren Frust abzubauen

Wenn Du zu den verärgerten Menschen gehörst oder denen mit jeder Menge Energie und überschäumendem Enthusiasmus, dann kann dies zu Frust führen. Du bist nun erstaunt. Ja, das kann passieren. Diese Menschen haben oftmals das Gefühl, dass sie schneller sind als all die anderen und das verursacht eine große Langeweile und Ungeduld in diesem Menschen. Wohin mit all der überschwänglichen Energie?

Kauf Dir einen Sandsack. Drisch auf ihn ein. Geh ins Fitnessstudio und stemme Gewichte. Lauf einen Marathon oder verausgabe Dich bei der Gartenarbeit. Geh schwimmen, manche Menschen entwickeln elektrische Energie und können diese wunderbar über Wasser ableiten. Das beruhigt und die innere Gelassenheit kehrt wie von allein wieder zurück. Sei körperlich tätig und verausgabe Dich auch manchmal. Das tut Dir gut und Du spürst, dass das Leben durch Deine Adern rennt. Durch Sport bekommst Du wesentlich mehr Sauerstoff in Deinen Körper. Dein Blutdruck wird sich normalisieren oder sinken. Dies wird Dich ruhiger machen und somit gelassener. Allein schon der Gedanke, dass Du etwas für Dich tust und mit der Zeit spürst, dass Du fitter, schlanker, muskulöser, definierter wirst, wird ein gutes Gefühl für Dich sein.

Spürst Du eine große Frustration, dann versuch Kampfsportarten. Egal ob es Karate, Judo oder Kickboxen ist, wenn es Dir hilft Deine Aggressionen abzubauen, dann fange mit dem Training an. Du wirst schnell herausfinden, ob es das Richtige für Dich ist. Bei vielen Kampfsportarten ist ein Bestandteil, dass Du Deine mentale Stärke steigerst. Auch dies ist ein Weg Dich gelassener zu machen.

Rückschläge annehmen und überwinden: Wie kann man an Rückschlägen wachsen?

Rückschläge gehören zum Leben wie die Sonne und der Mond. Wenn Du immer gewinnen würdest, wie solltest Du jemals etwas lernen oder Dich weiterentwickeln? Rückschläge sind meistens bei neuen Dingen in Deinem Leben vorprogrammiert. Auch wenn Du Dich nicht genügend vorbereitet hast, kann es zu Rückschlägen kommen. Du siehst also Rückschläge gehören für jeden Menschen zum normalen Leben dazu. Du musst sie annehmen, denn daran verzweifeln wäre nun wirklich der falsche Weg. Wenn es Dir passiert, dann nimm es an. Verstehe, dass dies eine Prüfung ist und analysiere, was die Lösung ist, um den gleichen Rückschlag zu vermeiden. Vergiss alles, was man Dir in der Schule gesagt hat über das Versagen, über Rückschläge oder Fehler zu begehen. So ein Satz wie zum Beispiel: Hast Du das nicht kommen sehen? Hast Du das nicht erwartet? Nein, hast Du nicht, was soll die blöde Frage?

Ganz wichtig ist nun, dass Du nicht in Selbstvorwürfe und dann in Selbstzweifel verfällst. Schalte das aufkommende Selbstmitleid sofort ab. Das ist so, wie wenn Du Dein Gehirn ausschaltest. Es bringt Dich null weiter. Im Gegenteil, schalte jetzt Dein Gehirn an. Was ging schief? Was hast Du übersehen? Was hättest Du tun müssen, damit Du erfolgreich gewesen wärst?

Wir alle versagen ab und zu. Jeder fällt mal hin. Sieger unterscheiden sich von den Verlierern nur in einem Punkt: Sie fallen erstens immer nach vorne und stehen zweitens immer wieder auf, um es nochmal zu probieren. Nur diesmal mit einem Plan, mit vorherigem Üben, mit einer ausgezeichneten Vorbereitung, mit genügend Input und Wissen.

Bereue niemals was Du getan hast (außer Kriminelles natürlich), bereue immer was Du NICHT getan hast.

Wie überwindet man Rückschläge?

- Zunächst musst Du Dir Deinen Rückschlag eingestehen. Akzeptiere es. Du bist ein Mensch, und Menschen können mal danebenliegen. Kein Selbstmitleid. Anstatt dessen ändere nun den Kurs – steuere Dein Boot auf einem anderen Kurs in den sicheren Hafen. Schalte alle negativen Gedanken aus und programmiere Dich auf positiv. Steh für Deine Fehler ein und lerne daraus. Handle nie nach der Vogelstraußtaktik: Kopf in den Sand stecken bringt Dich nirgendwo hin, aber dort unten wirst Du leider auch nicht die Lösung sehen.
- Öffne das Fenster – geh raus in den Park. Geh laufen oder schwimmen. Bekomme den Kopf frei. Atme tief durch und werde Dir wieder Deiner selbst bewusst. Erinnere Dich an Deine Erfolge. Erinnere Dich an Deine Probleme und die dazugehörigen Lösungen. So kommst Du weiter. Lasse Deine positiven Glaubenssätze ablaufen. Lächle und versteh, dass das Leben Dir eine neue Chance gegeben hat, das Problem nun besser zu lösen. Sei dankbar dafür, dass Dein Rückschlag gerade jetzt passiert ist und Du mit einem blauen Auge aus der Sache gekommen bist.
- Nun geht die Analyse los. Ist die Situation wirklich so schlecht wie Du sie im Moment empfindest? Sind es vielleicht fast ausschließlich Deine negativen Gedanken und

Empfindungen, welche alles so düster aussehen lassen? Nun suche das Positive in Deinem Rückschlag. Ich weiß, das kann etwas schwierig sein. Streng Dich an, es gibt immer etwas Positives zu finden. Mach Dir keinen Stress. Ein Rückschlag ist Stress genug. Wechsle den Kurs und die Perspektive und tu genau das Gegenteil. Nimm ein Bad, geh ins Kino oder mach Dir ein schönes Abendessen. Verwöhne Dich. Schöpfe daraus neue Energie, um neu zu starten. Nun kommt es darauf an, aus dem Rückschlag zu lernen:

1. Was hast Du aus dem Rückschlag gelernt?
2. Was wirst Du in Zukunft vermeiden, um nicht wieder zu scheitern?
3. Was wirst Du komplett anders machen beim nächsten Versuch?

- Hier hilft auch immer sowohl die Erfolgsstrategie als auch die Niederlage aufzuschreiben. Vor jeder neuen Herausforderung hilft es so, einen Rückschlag zu vermeiden. Nun ist es aufgeschrieben und dann leg es in die Schublade. Es ist die Vergangenheit. Dein Blick muss sich aber auf die Gegenwart und Zukunft richten. Was passierte ist vergangen. Richte Deinen Blick und Deine Energie auf die Gegenwart. Begehe nun bitte nicht den Fehler und fange nichts Neues mehr an aus lauter Angst wieder scheitern zu können. Das wäre das Dümmste, was Du tun könntest. So wirst Du niemals Deine angestrebten Ziele erreichen, das ist sicher. Sei stolz auf Deine Niederlagen. Sie beweisen, dass Du es versucht hast. Du warst mutig und hast eben auf den falschen Lösungsweg getippt. Das ist besser als aus lauter Angst es erst gar nicht zu versuchen. Dadurch lernst Du nämlich nichts. Aber nur lernen bringt Dich im Leben vorwärts. Wenn Du nie Deine Komfortzone verlässt, wirst Du genau darin gefangen sein – für den Rest Deines Lebens. Alle Erfinder und Pioniergeister waren überall nur nicht in ihrer Komfortzone.

Rückschläge kann man vermeiden, indem man das Scheitern anderer weiß. Also wenn man die Geschichte kennt. Warum solltest Du das Rad neu erfinden. Das haben doch schon andere gemacht. Wir hätten kein elektrisches Licht, keine Autos und kein Internet, wenn all diese Personen nach den ersten Rückschlägen aufgegeben hätten. Also gib auch Du nicht auf.

„Gehe Deinen Weg ruhig inmitten von Lärm und Hast, und wisse, welchen Frieden die Stille schenken mag.“

irisches Sprichwort

In diesem Zitat kommt alles zusammen was wir nun gelernt haben. Gelassenheit ist ein Weg der inneren Ruhe. Diesen kannst nur Du aktiv wählen. Es gibt Menschen, welche einfach dieser nervöse und aufgeregte Typ sind. Ich bin überzeugt davon, dass jeder Gelassenheit lernen kann, aber man muss es auch wollen. Manche sehen nicht die Notwendigkeit gelassener durchs Leben zu gehen, bis dann halt der Herzinfarkt zuschlägt. Bei dem irischen Sprichwort geht es darum, sich in Resilienz zu üben. Zu verstehen, dass Du den Lärm und die Hektik in der Welt nicht abstellen kannst, aber dass Du den Frieden und die Gelassenheit in Dir suchen und finden kannst. Du kannst dies erlernen und dann musst Du es annehmen. Es ist ein Geschenk, etwas sehr Schönes, in all dieser Hektik Stille in sich selbst zu finden.

Die Stille zu finden kann vieles sein. Das kann tatsächlich die einsame Lichtung im Wald sein. Oder der einsame Platz Deiner Kindheit. Es kann aber auch die Meditation sein, welche Dir die Gelassenheit gibt, inmitten der täglichen Hektik dieser Welt zu gehen. So wie ein Besucher aus einer anderen Welt, welcher nicht wirklich etwas mit dem Stress hier zu tun hat. Gehe Deinen Weg. Gehe ihn und lass den Stress, welchen all die anderen verursachen, nicht an Dich herankommen. Erkenne Dich und Dein Wesen und finde heraus, ob Du so glücklich bist, wie Du bist. Wenn nicht, dann ändere Dich. Mache aus Dir die Person, die Du sein willst.

Wie Bildung Dich gelassener macht

Wilhelm von Humboldt, der Bildungsreformer, sagte, dass umso größer die Bildung in einem Menschen ist, er fähiger ist Zusammenhänge zu verstehen und die wahren Erkenntnisse zu entwickeln. Er setzte persönliche Voraussetzungen eines Menschen zugrunde. So muss der Mensch, welcher Bildung erlangen will, Merkmale wie Intelligenz, Konzentration, Motivation und gewisse Grundfertigkeiten besitzen. Bildung ist aber auch schon bei Humboldt autodidaktisch möglich.

Nun, auch wenn dies eine doch schon ältere Anschauungsweise der Bildung ist, kann man sogar aus ihr einiges für die Gelassenheit lernen. Wenn der Mensch also eine gewisse Bildung, sagen wir auch nur im Rahmen der Allgemeinbildung, erfahren hat, dann kann er die Zusammenhänge von Vorgängen versuchen logisch zu eruieren. Dies allein hilft ihm schon mit mehr Gelassenheit an viele Dinge heranzugehen. Die Welt und alle ihre Ereignisse sind dann nicht jedes Mal wie eine Bombe, die aus dem nichts heraus explodiert. Ein sehr, sehr einfaches Beispiel. Die Silvesterrakete wird jedes Mal den Hund oder die Katze erschrecken. Kleine Kinder auch. Mit den Jahren verstehen sie, dass dies durch Schießpulver, welches explodiert, entsteht. Das unangenehme Ereignis ist erklärt. Unser Kopf kann nun durch die Bildung, welche er erfahren hat, die Sache richtig einordnen. Wir können also Silvester und seine Böller gelassen entgegenschauen.

Bildung macht aber noch in einem ganz anderen Zusammenhang gelassen. Wer eine höhere und umfangreichere Bildung besitzt, wird seltener arbeitslos und wenn, dann findet er oder sie schneller wieder einen Job. Das ist statistisch bewiesen. Wer es zum Regaleinräumer im Supermarkt gebracht hat, wird viel länger nach einem vergleichbaren Job suchen. Diese Arbeit können viele Personen, auch ungebildete, verrichten. Bist Du aber ein Ingenieur für Luft- und Raumfahrttechnik oder ein Arzt, dann sieht die Sache wieder anders aus. Damit ist die Welt nicht so reichlich gesegnet, also sind Deine Chancen hier einen Job wieder zu erhalten wesentlich höher.

Wer über Bildung verfügt, weiß, warum Dinge geschehen, und setzt sie in das richtige Verhältnis. Ist die Bildung niedriger oder fast nicht vorhanden, rutscht man gerne in eine sehr negative Spirale ab. Auch diesen Menschen ist es klar, dass sie aufgrund versäumter Bildung benachteiligt sind. Das schlimme ist, dass diese Bildung dann auch nicht mehr aufgeholt werden kann. Der innere Antrieb ist einfach nicht vorhanden. Man hat sich seinem sogenannten Schicksal ergeben und jammert nur, dass man eben benachteiligt ist und aus der Sozialhilfe nicht herauskommen kann. Es gibt Beispiele, welche dies widerlegen, aber zugegebenermaßen sind diese sehr selten.

Wer eine höhere Bildung genossen hat, ist gelassener. Dies wird tatsächlich in Gymnasien gelehrt. Hier gibt es Fächer wie Philosophie, Ethik und alle Spektren der bildenden Künste. Man hat zwei bis drei Jahre mehr Zeit bis zum Abitur und Inhalte werden mehr in die Tiefe gehend ausgearbeitet. Da ist jetzt schon Gelassenheit drin. Es wird auf Qualität anstatt auf Quantität gesetzt. Selbst die Lehrer an den Gymnasien und später dann an den Universitäten haben mehr Gelassenheit als die Lehrer an den Hauptschulen.

Bildung kann jeder, der will, sich auch autodidaktisch aneignen. Dazu bedarf es nichts weiter als den Willen und Zeit. Lesen ist eines der besten und adäquatesten Mittel sich Wissen schnell zu erarbeiten. Sprachen kann man sich so gut selbst beibringen. Will man dann tiefer gehen, dann gibt es die Volkshochschule für Erwachsene. Was zählt ist, das Gefühl, was all diese Aktivitäten in uns auslösen. Es gibt ein Gefühl der Sicherheit, wenn Du nach Deinem Volkshochschulkurs im Bewerbungsgespräch sagen kann: Ja, ich habe recht gute Kenntnisse in Englisch. Bildung benötigt Zeit, Willen und Energie. Im Erwachsenenalter über verschüttete Milch zu jammern ist nicht sehr effektiv. Wenn man als Kind in der Schule eben keine Lust oder kein Interesse hatte und man es vielleicht leider nicht erklärt bekommen hat, wie wichtig Bildung ist, dann muss man (wenn man will) dies nun nachholen. Dies solltest Du aber nicht als Pflicht und somit etwas Unangenehmes ansehen. Sieh es als Herausforderung an. Als etwas, was Dir persönlich weiterhilft und Dich weiterbringt.

Alles wird gut

Nina Ruge hat jede Sendung mit diesem Satz im TV beendet. Es wurde zu einem sogenannten geflügelten Wort. Alles wird gut. Das ist natürlich ist immer für jeden zu 100 % zutreffend. Manchmal geht auch was schief, daneben, Totalschaden oder auch schlimmer als das. Aber, ist das nicht der Kreislauf des Lebens? Geht wirklich etwas schief, wenn wir krank werden oder sterben? Oder gehört das einfach dazu zum Leben? Ich denke, dass alles einen Anfang und ein Ende hat. Wir alle sind unter dem gleichen Himmel und der gleichen Atmosphäre. Wir atmen alle mehr oder weniger die gleiche Luft ein.

Viele rennen und machen und wollen neue Rekorde aufstellen. Nichts dagegen einzuwenden. Aber wenn es zur verbissenen Idee wird, dann ist das nach einer gewissen Zeit nicht mehr gesund. Im wahrsten Sinne des Wortes. Es schädigt Deine Gesundheit mehr, als es Dir Nutzen bringen wird. In der Ruhe liegt die Kraft. Das bringt uns in der Regel weiter. Hitzköpfe enden oftmals irgendwo zwischen den Leitplanken.

Gelassenheit kommt in Dich, wenn Du weißt, dass alles so kommt, wie es eben kommen muss. Am Ende, und hier meine ich nicht das Ende, welches durch den Tod für uns alle kommt, sondern am Ende dieser Geschehnisse, welche Dich im Moment so aufregen, wird alles gut. Es ist in 99,99 % aller Fälle so. Irgendwie glätten sich die Wogen. Es passiert etwas und die jahrelang zerstrittenen Nachbarn müssen zu einer Beerdigung und stehen nebeneinander. Geteiltes Leid ist halbes Leid. Plötzlich spricht man wieder miteinander. Diesmal aber über alles andere als über den jahrelangen Streitpunkt. Man hilft sich vielleicht sogar wieder und plötzlich normalisiert sich das Klima wieder zwischen den Streithähnen. Beobachte dies einmal. Es ist fast immer so. Nichts wird so heiß gegessen, wie es gekocht wird. Manchmal muss man weiter in die Zukunft schauen, aber hier kann man auch die **10-10-10-Methode** anwenden.

Was bedeutet das Ereignis in 10 Minuten für Dich? Wirst Du dann immer noch so aufgebracht reagieren? Welche Reaktion wird dieses Ereignis bei Dir in 10 Tagen hervorrufen? Wirst Du dann noch daran denken? Was bedeutet es für Dich und Dein Leben in 10 Jahren? Du wirst darüber lachen und denken: wie konnte mir das ein paar Tage meines Lebens so vermiesen? Abstand und ein anderer Blickwinkel lassen vermeintlich großen Ärger banal und lächerlich daherkommen. Am Ende wird alles gut. Wir werden reifer und erkennen mit den Jahren, was wirklich im Leben zählt. Worauf es UNS ankommt. Was die anderen denken, meinen und reden ist deren Problem. Solange wir uns nicht aufregen, passiert nichts. Lass diesen armen langweiligen Menschen ihr Gerede, was juckt Dich das?

Blitzentspannung: Wie werde ich sofort gelassener?

„Das beste Mittel gegen Stress hat vier Buchstaben: Nein.“

Ansgar Simon Freigericht

Wie wirst Du sofort gelassener? Nun, was wirklich immer hilft ist einfach:

1. **Tief durchatmen.** Es ist bewiesen, dass wenn Du einen erhöhten Blutdruck hast, allein schon das wiederholte tiefe Einatmen und langsame Ausatmen Deinen Blutdruck wieder normalisiert. Somit wirst Du gelassener.

2. **Den Blickwinkel ändern.** Betrachte das Geschehene von einer anderen Sichtweise aus. Reflektiere die Situation und welche Auswirkungen diese auf Dich mit der 10-10-10-Methode haben wird. Schnell wirst Du herausfinden, dass es völlig belanglos ist für Dein weiteres Leben.

3. **Lerne zu meditieren.** Hierbei geht es nicht darum, das Meditieren zu perfektionieren, sondern Deinen Weg zu Dir selbst zu finden. Du musst Dich selbst erkennen und reflektieren. Wer bist Du? Wer möchtest Du sein und wo willst Du hin? Wo und wie Du meditierst, ist völlig egal, solange es Dir hilft.

4. **Lerne Deine Grenzen kennen**. Es ist keine Unfreundlichkeit oder Egoismus sich selbst gegen andere abzu-

grenzen. Das ist sogar sehr wichtig. Es wird immer Menschen geben, welche Deine Grenzen übertreten wollen und Dir somit, gewollt oder ungewollt, Schaden zufügen. Hier ist es wichtig **NEIN** sagen zu lernen und zu können. Dein aufdringlicher Freund muss verstehen, wenn Du Zeit für Dich brauchst und nicht jede freie Minute mit ihm rumhängen kannst. Im wirklichen Leben stoßen wir alle irgendwann einmal auf Grenzen. Kennst Du diese Grenzen, dann kannst Du gelassen an neue Dinge herangehen. Du weißt, was Du kannst und was nicht. Ein kleines Beispiel: Wenn Du tauchen lernen möchtest und schon beim Schauen eines Dokumentarfilms über Höhlentauchen ein flaues Gefühl im Magen bekommst, dann weißt Du: Tauchen ja, in engen Höhlen rumtauchen: NEIN! Das ist doch hilfreich.

5. **Werde Dir Deiner Ängste bewusst.** Versuche nun herauszufinden, woher diese Ängste rühren. Hast Du herausgefunden, wie es dazu kommt, kannst Du dagegen angehen. Vieles ist in der Kindheit verankert. Diese falschen Mechanismen kann man aushebeln und in richtige Mechanismen umwandeln. Die Angst ist nun nicht mehr notwendig, weil der Auslöser der Angst eliminiert ist. Jeder Mensch hat Angst, es ist eine Überlebensstrategie unserer Vorfahren aus der Steinzeit. Angst lässt uns flüchten und so überleben wir. Falsche Angst verursacht falsche Reaktionen. Angst auf den Grund zu gehen, verschafft Souveränität.

6. **Selbstkontrolle: Finde heraus, was Dich sofort erdet.** Was bringt Dich sofort in ruhiges Fahrwasser, wenn Du Dich gerade so aufregst, dass Du gerne in die Luft gehen

würdest oder die berühmte Palme erklimmen möchtest? Wann verlieren wir am häufigsten unsere Fassung, also unsere Gelassenheit? Wenn uns jemand persönlich angreift oder eben unsere Grenzen überschreitet. Man fühlt sich ausgenutzt, gedemütigt, betrogen, unfair behandelt und wer weiß nicht was noch. Du hast Dich provozieren lassen. Du hast es zugelassen. Wenn Du genügend Selbstbewusstsein hast und weißt, wer Du bist, dann prallt das an Dir ab wie Wasser auf einem Ölfilm. Selbstkontrolle ist hier das Maß aller Dinge. Wenn Du sich selbst im Griff hast, läuft die Provokation ins Leere.

7. **Überprüfe Deine Wahrnehmung und Deine Selbstwahrnehmung.** Oftmals spielt uns unser Unterbewusstsein Streiche. Es passiert etwas. Wie schlimm ist es wirklich und was wird daraus in der Zukunft? Spielt Dir Deine Einbildung, Deine Fantasie da nicht einen Streich mit diesem Weltuntergangsszenario? Lenke Deine Gedanken auf etwas ganz anderes. Nach ein paar Minuten wirst Du merken, dass alles nur 10 % von der Heftigkeit hat, welche Du angenommen hattest.

8. **Triff eine Entscheidung!** Nichts ist schlimmer, als wenn Du zwischen zwei Stühlen sitzt. Das ganze Leben besteht aus Entscheidungen. Wenn uns was aufregt, haben wir plötzlich diese Fähigkeit eine Entscheidung zu treffen verloren. Warum? Weil wir nicht mehr klar denken können. Das Adrenalin schießt durch unsere Adern und macht uns komplett kopflos. Du kannst nun also ausrasten oder einfach gelassen bleiben. Du hast die Wahl. Immer.

9. **Achte auf Deine Sprache.** In unserer heutigen Zeit ist alles: brutal, katastrophal, vernichtend, irrsinnig, furchtbar, der Supergau, der Totalschaden etc. So wird gerne in den Nachrichten Bericht erstattet. Dies ist ein allgemeines Mittel, um viele Menschen vor den Fernseher zu locken und die Einschaltquoten zu sichern. Aber musst Du das denn übernehmen? Ist es ein Supergau, wenn Du mal zu spät zur Arbeit kommst? Ist es ein Irrsinn, wenn Du 10 Minuten im Stau stehst oder eine Katastrophe, wenn Du erst nach ein paar Runden einen Parkplatz gefunden hast? Sicherlich nicht. Aber diese Worte vermitteln Dir und Deinem Unterbewusstsein genau dies. Verwandle Deine Sprache und Du wirst dadurch entspannter.

10. **Lerne Resilienz.** Das geht nicht von einer Minute auf die andere. Aber fange jetzt damit an. Entgehe der Daueranspannung und entspanne. Mache Sport, geh mit dem Hund raus. Geh mit den Kindern schwimmen oder streichle die Katze (oder Deine Frau/Deinen Mann). Das Wort NEIN ist sehr wichtig in der Stressbewältigung. Nur wer seine Grenzen kennt, kann entspannen.

11. **Lerne Dich zu organisieren.** Was sind Deine Prioritäten. Was ist Dir wichtig? Und das nicht nur im beruflichen, sondern auch im privaten Umfeld. Von Zeit zu Zeit ist es wichtig, zu überprüfen, wer Dir guttut und somit noch in Dein Leben gehört.

12. **Trink genügend Wasser.** Somit kannst Du weder reden noch Dich wirklich aufregen. In der Zeit, in welcher Du etwas trinkst, beruhigst Du Dich schon wieder, da Du

während des Trinkens auch atmen musst. Machst Du das unkoordiniert, verschluckst Du Dich. Das wird unangenehm. Einige Sekunden helfen Dir wieder Deine Gelassenheit zu finden. Es funktioniert.

13. **Reden ist Silber, Schweigen ist Gold.** Gerade in großen Aufgeregtheiten ist das eine goldene Regel. Wer die Klappe hält, kann nichts Falsches sagen. Fast alles, was in der Wut gesagt wird, ist zerstörend. Wir sind nicht mehr wir selbst. Schweigen. Runterschlucken. Nachdenken. Den Kopf vor unserem inneren Auge in einen Bottich mit kaltem Wasser stecken. Das kühlt Dich ab. Etwas zu überhören ist ein Zeichen von Reife. Man muss nicht auf jede Kleinigkeit reagieren. In der Regel verlaufen sich die Dinge dann im Sande.

14. **Sinne nicht auf Rache.** Rache ist das absolute Gegenteil von Gelassenheit. Wer auf Rache sinnt ist immer angespannt. Sein Geist rennt Tag und Nacht nur um diesen einen Punkt, wie nehme ich Rache. Eine adäquate Gegenmaßnahme ist: Lachen. Wenn irgend möglich, lach die Situation weg. Lachforscher haben herausgefunden, dass lachen Stress sofort abbaut. Wo gelacht wird, kann kein Ärger existieren.

15. **Sprich mit Dir selbst.** Ja, ich weiß sieht erstmal komisch aus, aber es hilft. Was Du denkst ist eine Sache, aber wenn Du zu Dir sagst: Reg Dich nicht auf. Das bringt Dir nichts. Beruhige Dich. Lass los. Augen auf und durch. Atme tief ein. Beherrsche Dich. Egal, was Du Dir sagst, es sollte produktiv und beruhigend sein.

Fazit

Gelassenheit bedeutet, dass Du nicht bei jeder Kleinigkeit aus der Haut fährst. Dies ist ein Prozess, welchen jeder lernen kann. Niemand wird von heute auf morgen gelassen, wenn er es nicht von Natur aus ist. Gelassen an Dinge und Ereignisse heranzugehen hat ausschließlich Vorteile für Dich und Dein Leben – und Deine Gesundheit. Menschen und Ereignisse können Dich nur ärgern und aus der Kontrolle bringen, wenn Du dies erlaubst. Wenn Du mit Gelassenheit an die Sache herangehst, lösen sich die meisten dieser Dinge in Wohlgefallen auf.

Durch meinen Ratgeber hast Du viele unterschiedliche Wege aufgezeichnet bekommen, wie Du Resilienz lernst und Dir das Meditieren selbst beibringen kannst. All dies ist immer von Dir abhängig. Es geht um Dein Selbstbewusstsein und Deine Selbstwahrnehmung. Niemand zwingt Dich Deine Gelassenheit durch einen Wutausbruch auszutauschen. Geh in Dich und erkenne Dich selbst. Welche Glaubenssätze sind Deine Bibel? Sind diese positiv oder negativ? Wenn sie negativ sind, dann musst Du diese in positive umwandeln. Das geht mit manchen schneller und mit manchen langsamer. Der Grund, warum wir Dinge nicht mit Gelassenheit angehen, liegt immer in uns selbst. Wir sollten und sind immer Herr der Situation. Wenn wir uns hinreißen lassen unsere Kontrolle zu verlieren, dann haben wir unsere Gelassenheit verloren.

„Ein wahrer Mönch hält seinen Mittagsschlaf, auch wenn die Welt untergeht.“

Natsume Sôseki

Das ist Gelassenheit. Die Welt ist bis dato noch nicht untergegangen. Das wird sie voraussichtlich auch die nächsten tausende von Jahren nicht machen. Also worum sorgst Du Dich. Was ärgert Dich so? Die Welt wird sich weiterdrehen und sich um Deine kleinen Ärgernisse nicht scheren. Warum genießt Du nicht das Leben in vollen Zügen und siehst die Schönheit und Einzigartigkeit darin. Lass doch all diese Banalitäten einfach links liegen und lebe Dein Leben in Gelassenheit.

Schlusswort

Vielen Dank, dass Du Dich für den Kauf meines Ratgebers „Gelassenheit lernen – Der Weg zu Ausgeglichenheit und innerer Ruhe“ entschieden hast. Ich hoffe, dass ich Dich mit diesem Buch, den inspirierenden Zitaten und den vielen Praxisübungen dabei unterstützen konnte, Deinen Alltag zu entschleunigen und Deine Emotionen besser zu kontrollieren, damit nichts und niemand Dich mehr aus dem Gleichgewicht bringen kann. Erkenne Deine Ausgeglichenheit und werde zur Ruhe in Person.

Ich freue mich sehr darüber, wenn Du mir eine positive Rezension hinterlassen möchtest. Ich wünsche Dir für Deine persönliche Entwicklung alles Glück und viel Erfolg.

Konstantin Starke

Zudem möchte ich Dich auf meine anderen Bücher aufmerksam machen (als E-Book und Taschenbuch erhältlich):

„Selbstbewusstsein stärken"

„Positives Denken – Der Weg zum Glücklichsein"

Rechtliches

Impressum

Herausgeber:

Alexander Ullrich
Am Lax 33
36251 Bad Hersfeld
Deutschland

Quellen

Coverbilder

https://de.depositphotos.com/69751645/stock-illustration-beard-man-lying-on-a.html

Printed in Poland
by Amazon Fulfillment
Poland Sp. z o.o., Wrocław

80291966R00076